漢書

漢蘭臺令史　班固　撰
唐祕書少監　顔師古　注

第三册

卷一七至卷二〇（表二）

中華書局

漢書卷十七

景武昭宣元成功臣表第五

昔書稱「蠻夷帥服」，〔一〕詩云「徐方既倈」，〔二〕春秋列潞子之爵，許其慕諸夏也。〔三〕漢興至于孝文時，乃有弓高、襄城之封，〔四〕雖自外倈，本功臣後。故至孝景始欲侯降者，丞相周亞夫守約而爭。〔五〕帝黜其議，初開封賞之科，〔六〕又有吳楚之事。武興胡越之伐，將帥受爵，應本約矣。〔七〕後（有）〔世〕承平，頗有勞臣，輯而序之，續元功次云。〔八〕

〔一〕師古曰：「舜典之辭也。言王者德澤廣被，則四夷相率而降服也。」

〔二〕師古曰：「大雅常武之詩曰：『王猷允塞，徐方既倈。』言周之王道信能充實，則徐方、淮夷並來朝也。倈，古來字。」

〔三〕應劭曰：「潞子離狄內附，春秋嘉之，稱其爵，列諸盟會也。」師古曰：「潞音路。」

〔四〕師古曰：「弓高侯穨當，襄城侯桀龍，皆從匈奴來降而得封也。」

〔五〕應劭曰：「景帝欲封王皇后兄信，亞夫對『高祖之約，非功臣不侯也』。」師古曰：「景帝欲封匈奴降者徐盧等，而亞夫爭之，以爲不可。今表所稱，蓋謂此爾，不列王信事也。應說失之。」

〔六〕師古曰：「不從亞夫之言，竟封也。」

〔七〕師古曰：「應高祖非有功不得侯之約。」

〔八〕師古曰：「輯與集同。元功，謂佐與其帝業者也。」

號謚姓名	功狀戶數	始封	子	孫	曾孫	玄孫
俞侯欒布 師古曰：「俞音輸。」	以將軍吳楚反擊齊，侯。	六年四月丁卯封，六年薨。	中六年，侯賁嗣，二十二年，元狩六年，坐爲太常雍犧牲不如令，免。師古曰：「雍，右扶風縣也，五時祠在焉。」			
建陵哀侯衛綰	以將軍擊吳楚，用中尉侯。	四〔年〕〔月〕丁卯封，二十一年薨。	元光五年，侯信嗣，十八年，元鼎五年，坐酎金免。			
建平敬侯程嘉	以將軍擊吳楚，用江都相侯。	四月丁卯封，十八年薨。	元光二年，節侯橫嗣，一年薨。	三年，侯回嗣，四年薨，亡後。		

平曲侯公孫渾邪師古曰：「渾音胡溫反。字或作昆，又作混，其音同。」

以將軍擊吳楚，用隴西太守侯。

四月己巳封，五年，中四年，有罪，免。

南奅元朔五年四月丁卯，侯賀以將軍擊匈奴得王，侯。十二年，元鼎五年，坐酎金免。師古曰：「奅音普孝反。」

葛繹太初二年，侯賀（獲）〔復〕以丞相封。三年，延和二年，以子敬聲有罪，下獄死。師古曰：「延亦征字也。」

江陽康侯蘇息	以將軍擊吳楚，用趙相侯。	中二年，懿侯盧嗣，八年薨。	建元二年，侯朋嗣，十六年薨。	元朔六年，侯雕嗣，十一年，元鼎五年，坐酎金免。	
遽侯橫師古曰：「史失其姓。它皆類此。」	父建德以趙相不聽王遂反，死事，子侯，千一百七十戶。	中二年四月乙巳封，六年，後二年，有罪，棄市。			
新市侯王棄之	父悍以趙內史，王遂反不聽，死事，子侯。	四月乙巳封，八年薨。	煬侯始昌嗣，元光四年爲人所賊殺。		
商陵侯趙周	父夷吾以楚太傅，王戊反不聽，死事，子侯。	四月乙巳封，三十六年，元鼎五年，坐爲丞相知列侯酎金輕，下獄自殺。			

山陽侯張當居	父尙以楚相，王戊反不聽，死事，子侯。	四月乙巳封，二十四年，元朔五年，坐爲太常擇博士弟子故不以實，完爲城旦。				
安陵侯于軍	以匈奴王降侯，千五百五十戶。	中三年十一月庚子封，十三年，建元六年薨，亡後。				
桓侯賜	以匈奴王降侯。	十二月丁丑封。				
遒侯陸彊師古曰：「遒卽古遒字，音子修反。涿郡之縣。」	以匈奴王降侯，千五百七十戶。	十二月丁丑封。	侯則嗣，孝武後元年坐祝詛上，要斬。			

容城攜侯徐盧	以匈奴王降侯，七百戶。	十二月丁丑封，七年薨。	建元二年，康侯纏嗣，十四年薨。	元朔三年，侯光嗣，四十年，後元二年，坐祝詛上，要斬。		
（翕）〔易〕侯僕黚鄭氏曰：「黚音怛。」	以匈奴王降侯，千一百十戶。	十二月丁丑封，六年，後三年薨，亡後。				
范陽靖侯范代	以匈奴王降侯，六千二百戶。	十二月丁丑封，十四年薨。	元光二年，懷侯德嗣，四年薨，亡後。			涿郡 元始二年，玄孫政詔賜爵關內侯。
翕侯邯鄲	以匈奴王降（漢）〔侯〕。	十二月丁丑封，六年，元光四年，坐行來不請長信，免。				內黃

		如淳曰：「長信宮，太后所居也。」師古曰：「請，謁也。」			
亞谷簡侯盧它之	以匈奴東胡王降侯，千戶。故燕王綰子。	中五年四月丁巳封，二年薨。	後（元）元年，侯種嗣，七年薨。	建元五年，康侯漏嗣，七年薨。	元光六年，侯賀嗣，三十九年，延和二年，坐受衞太子節，掠死。師古曰：「以衞太子擅發兵，而賀受其節，疑有反心，故見考掠而死也。」
塞侯直不疑	以御史大夫侯，前有將兵擊吳楚功。	後元年八月封，六年薨。	建元四年，康侯相如嗣，十二年薨。	元朔四年，侯堅嗣，十三年，元鼎五年，坐酎金免。	

右孝景十八人。平陸、休、沈猷、紅、宛朐、棘樂、乘氏、桓邑八人在王子，魏其、蓋二人在外戚，隆慮一人隨父，凡二十九人。

師古曰：「據楚元王傳云休侯富免侯後更封爲紅侯，而王子侯表但云休侯富，雖述重封，又無紅邑，其數止七人。然此表乃以休及紅列爲二數，又稱八人在王子侯，是則此表爲誤也。」

翕侯趙信	以匈奴相國降侯，元朔二年擊匈奴功益封，千六百八十戶。	元光四年十月壬午封，六年，元朔六年，爲右將軍擊匈奴，兵敗，降匈奴。				內黃
特轅侯樂	以匈奴都尉降侯，六百五十戶。	元朔元年後九月丙寅封，十三年，元鼎元年薨，亡後。				南陽
親陽侯月氏 師古曰：「氏音支。」	以匈奴相降侯，六百八十戶。	元朔二年十月癸巳封，五年，坐謀反入匈奴，要斬。				舞陽

若陽侯猛	以匈奴相降侯，五百三十戶。	十月癸巳封，五年，坐謀反入匈奴，要斬。				平氏
平陵侯蘇建	以都尉從車騎將軍擊匈奴功侯，元朔五年，用游擊將軍從大將軍，益封，凡一千戶。	三月丙辰封，六年，坐爲前將軍與翕侯信俱敗，獨身脫來歸，當斬，贖罪，免。				武當
岸頭侯張次公	以都尉從車騎將軍擊匈奴侯，從大將軍，益封，凡二千戶。	五月己巳封，五年，元狩元年，坐與淮南王女陵姦，受財物，免。師古曰：「陵，淮南王安女名也。」				皮氏

涉安侯於單	以匈奴單于太子降侯。	三年四月丙子封，五月薨，亡後。				
昌武侯趙安稽	以匈奴王降侯，以昌武侯從驃騎將軍擊左王，益封。	四年七月庚申封，二十一年薨。	太初元年，侯充國嗣，四年薨，亡後。			舞陽
襄城侯桀龍 師古曰：「此龍蓋匈奴名耳，而說者以爲龍桀，非也。」	以匈奴相國降侯，四百戶。	七月庚申封，三十二年，與浞野侯俱戰死事。	太初三年，侯病已嗣，十五年，後二年，坐祝詛上，下獄瘐死。			襄垣
安樂侯李蔡	以將軍再擊匈奴得王侯，二千戶。	四月乙巳封，六年，元狩五年，坐以丞相侵賣園陵道壖地，自殺。				昌

合騎侯公孫敖	以護軍都尉三從大將軍擊匈奴，至右王庭得王侯，元朔六年，從大將軍，益封，九千五百戶。	以五年四月丁未封，至元狩二年坐將兵擊匈奴與票騎將軍期後，畏懦當斬，贖罪。師古曰：「懦音乃喚反，又曰音而掾反。」				高城
軹侯李朔師古曰：「軹音只。」	以校尉三從大將軍擊匈奴，至右王庭得虜閼氏功侯。	四月乙卯封，六年，有罪，當免。				西安
從平侯公孫戎奴	以校尉三從大將軍擊匈奴，至右王庭爲鴈行	四月乙卯封，三年，元狩二年，坐爲上黨太守發				樂昌

	上石山先登侯，一千一百戶。	兵擊匈奴不以聞，免。				
隨城侯趙不虞	以校尉三從大將軍擊匈奴，攻辰吾先登石亹，侯，七百戶。師古曰：「辰吾水之上也，時匈奴軍在焉。山絕水曰亹，音門。」	四月乙卯封，三年，元狩二年，坐爲定襄都尉，匈奴敗，太守以聞非實，謾，免。師古曰：「謾，誑也，音漫。」				千乘
博望侯張騫	以校尉數從大將軍擊匈奴，知道水，及前使絕國大夏，侯。	六年三月甲辰封，元狩二年，坐以將軍擊匈奴畏懦，當斬，贖罪，免。				

眾利侯郝賢師古曰：「郝音呼各反，又音式亦反。」	以上谷太守四從大將軍擊匈奴，首虜千級以上，侯，千一百戶。	五月壬辰封，二年，元狩二年，坐爲上（容）〔谷〕太守入（戈守）〔戍卒〕財物，〔上〕計謾，免。師古曰：「上財物之計簿而欺謾不實。」				姑莫
潦悼侯王援訾	以匈奴趙王降侯，五百六十戶。	元狩元年七月壬午封，二年薨，亡後。				舞陽
從票侯趙破奴師古曰：「票音頻妙反。」	以司馬再從票騎將軍擊匈奴，得兩王（千）〔子〕騎〔將〕侯，	二年五月丙戌封，九年，元鼎五年，坐酎金免。元封三年，以匈				

	二千戶。	(奴)河將軍擊樓蘭，封浞野侯。五年，太初二年，以浚稽將軍擊匈奴，爲虜所獲，軍沒。				
宜冠侯高不識	以校尉從票騎將軍再擊匈奴。侯，一千一百戶。故匈奴歸義。	五月庚戌封，四年坐擊匈奴增首不以實，當斬，贖罪，免。師古曰：「增加所獲首級之數也。」				昌
煇渠忠侯僕朋 師古曰：「煇音許圍反。」	以校尉從票騎將軍再出擊匈奴得王、侯，從票騎將軍虜五王，	二年二月乙丑封，八年薨。	元鼎四年，侯雷電嗣，二十二年，延和三年，以五原屬國都尉與			魯陽

	益封。故匈奴歸義。		貳師將軍俱擊匈奴，沒。			
下摩侯謼毒尼師古曰：「謼字與呼同。」	以匈奴王降封，七百戶。	六月乙亥封，九年薨。	元鼎五年，煬侯伊即軒嗣。師古曰：「軒音居言反。」	侯冠支嗣，神爵三年，詔居弋居山，坐將家屬闌入惡師居，免。師古曰：「惡師，地名，有官所置居室。」		猗氏
漯陰定侯昆邪師古曰：「漯音吐合反。昆音胡門反。」	以匈奴昆邪王將衆十萬降侯，萬戶。	三年七月壬午封，四月薨。	元鼎元年，魏侯蘇嗣，十年，元封五年薨，亡後。			平原
煇渠愼侯應疕師古曰：「疕音疋履反。」	以匈奴王降侯。	七月壬午封，五年，元鼎三年薨，亡後。				魯陽

河綦康侯烏黎	以匈奴右王與渾邪降侯，六百戶。	七月壬午封，六年薨。	元鼎三年，侯餘利鞮嗣，四十二年，本始二年薨，亡後。師古曰：「鞮音丁奚反。」			濟南
常樂侯稠雕	以匈奴大當戶與渾邪降侯，五百七十戶。師古曰：「當戶，匈奴官名也。」	七月壬午封，十八年薨。	太初三年，侯廣漢嗣，六年，太始元年薨，亡後。			濟南
邳離侯路博德	以右北平太守從票騎將軍擊左王，得重，會期，虜首萬二千七百人，侯，千六百戶。	四年六月丁卯封，十五年，太初元年，坐見知子犯逆不道罪免。				朱虛

	義陽侯衛山	杜侯復陸支
戶。師古曰：「得重，得輜重也。會期，不失期也。」	以北地都尉從票騎將軍擊匈奴得王侯，千一百戶。	以匈奴歸義因孰王從票騎將軍擊左王，以少破多，捕虜三千一百，侯，千三百戶。
	六月丁卯封，三十六年，太始四年，坐教人誣告衆利侯當時棄市罪，獄未斷病死。	六月丁卯封，五年薨。
		元鼎三年，侯偃嗣。
		侯屠耆嗣。
		侯宣平嗣。
	平氏	重平 侯福嗣，河平四年，坐非子免。

衆利侯伊卽軒師古曰：「軒音居言反。」	以匈奴歸義樓剸王從票騎將軍擊左王，手劍合，侯，千一百戶。師古曰：「手用劍而合戰也。剸音專，又音之兗反。」	六月丁卯封，十四年薨。	元封六年，侯當時嗣。	侯輔宗嗣，始元五年薨，亡後，爲諸縣。		
湘成侯敞屠洛	以匈奴符離王降侯，千八百戶。	六月丙子封，七年，元鼎五年，坐酎金免。				陽成
散侯董舍吾	以匈奴都尉降侯，千一百戶。	六(年)〔月〕丙子封，十七年薨。	太初三年，侯安漢嗣。	侯賢嗣，征和三年，坐祝詛(二)〔上〕，下獄病死。		陽成
臧馬康侯雕延年	以匈奴王降侯，八百七十戶。	六(年)〔月〕丙子封，五年薨，亡後。				朱虛

瞭侯次公 師古曰：「瞭音遼。」	以匈奴歸義王降侯，七百九十戶。	元鼎四年六月丙午封，五年，坐酎金免。				舞陽
術陽侯建德	以南越王兄越高昌侯侯，三千戶。	五年三月壬午封，四年，坐使南海逆不道，誅。				下邳
龍侯摎廣德 師古曰：「摎音居虯反。」	父樂以校尉擊南越死事，子侯，六百七十戶。	三〔年〕〔月〕壬午封，六年，坐酎金免。				
成安侯韓延年	父千秋以校尉擊南越死事，子侯，千三百八十戶。	三月壬午封，七年，元封六年，坐爲太常行大行令事留外國書一月，乏興，入穀贖，完爲城旦。				郟 師古曰：「音夾。」

	昆侯渠復絫師古曰：「絫音力追反。」	騏侯駒幾師古曰：「騏音其。」		梁期侯任破胡
	以屬國大首渠擊匈奴侯。	以屬國騎擊匈奴捕單于兄侯，五百二十戶。		以屬國都尉間出擊匈奴將軍絫絺縵等侯。
師古曰：「當有所興發，因其遲留故闕乏。」	五月戊戌封。	五月壬子封。		五（年）〔月〕辛巳封。
	侯乃始嗣，地節四年薨，亡後。	侯督嗣。		侯當千嗣，太始四年，坐賣馬一匹賈錢十五萬，
		釐侯崇嗣，陽朔二年薨，亡後。	元延元年六月己未，侯詩以崇弟紹封，五百五十戶。	
	鉅鹿	北屈		

	師古曰：「絫音力追反。縵音莫漢反。」		過平，臧五百以上，免。				
膫侯畢取	以南越將軍降侯，五百一十戶。	六年三月乙酉封。	侯奉義嗣，後二年，坐祝詛上要斬。				南陽
將梁侯楊僕	以樓船將軍擊南越推鋒卻敵侯。	三月乙酉封，四年，元封四年，坐為將軍擊朝鮮畏懦，入竹二萬箇，贖完為城旦。師古曰：「箇，枚也。音古賀反。」					
安道侯揭陽定師古曰：「揭音竭。」	以南越揭陽令聞漢兵至自定降，侯，六百戶。	三月乙酉封。	侯當時嗣，延和四年，坐殺人，棄市。				南陽

隨桃頃侯趙光	以南越蒼梧王聞漢兵至降，侯，三千戶。	四月癸亥封，薨。	侯昌樂嗣，本始元年薨。嗣子有罪，不得代。			元始五年，放以光玄孫紹封，千戶。
湘成侯監居翁	以南越桂林監聞漢兵破番禺，諭甌駱民四十餘萬降，侯，八百三十戶。	五月壬申封。	侯益昌嗣，五鳳四年，坐爲九眞太守盜使人出買犀、奴婢，臧百萬以上，不道，誅。			〔堵陽〕
海常嚴侯蘇弘	以伏波司馬得南越王建德，侯。	七月乙酉封，七年，太初元年薨，亡後。				
外石侯吳陽	以故東越衍侯佐繇王功，侯，千戶。	元封元年正月壬午封，九年薨。	太初四年，侯首嗣，十四年，後二年，坐祝詛上，要斬。			濟陽

下鄜侯左將黃同 師古曰：「鄜音孚。」	以故甌駱左將斬西于王功侯，七百戶。	四月丁酉封。	侯奉漢嗣，後二年，坐祝詛上，要斬。			南陽
繚嫈侯劉福 師古曰：「繚音聊。嫈音於耕反。」	以校尉從橫海將軍擊南越侯。	正月乙卯封，二年，有辠，免。				
蘌兒嚴侯轅終古 師古曰：「蘌音御。」	以軍卒斬東越徇北將軍侯。	閏月癸卯封，六年，太初元年薨，亡後。				
開陵侯建成	以故東學建成侯與繇王斬餘善侯，二千戶。	閏月癸卯封。	侯祿嗣，(延)〔征〕和三年，坐舍衞太子所私幸女子，又祝詛上，要斬。師古曰：「舍謂居止也。」			臨淮

臨蔡侯孫都	以南粵郎，漢軍破番禺，爲伏波得南粵相呂嘉，侯，千戶。	閏月癸卯封。	侯襄嗣，太初元年，坐擊番禺奪人擄，掠，死。			河內
東城侯居股	以故東粵繇王斬東粵王餘善侯，萬戶。	閏月癸卯封，二十年，延和三年，坐衞太子舉兵謀反，要斬。				九江
無錫侯多軍	以東粵將軍，漢兵至，棄軍降，侯，千戶。	元年封。	侯卯嗣，延和四年，坐與歸義趙文王將兵追反擄，到弘農擅棄兵還，贖罪，免。			會稽
涉都侯喜	以父棄故南海太守，漢兵至，以	元年封，八年，太初二年薨，亡後。				南陽

	越邑降，子侯，二千四十戶。					
平州侯王唊如淳曰：「唊音頰。」	以朝鮮將，漢兵至，降，侯，千四百八十戶。	三年四月丁卯封，四年薨，亡後。				梁父
荻（直）〔苴〕侯韓陶師古曰：「荻音狄。苴音七余反。」	以朝鮮相將，漢兵圍之，降，侯，五百四十戶。師古曰：「爲相而將朝鮮兵。」	四月丁卯封，十九年，延和二年薨，封終身，不得嗣。				勃海
澅清侯參師古曰：「澅音獲，又音胡卦反。」	以朝鮮尼谿相使人殺其王右渠，降，侯，千戶。	六月丙辰封，十一年，天漢二年，坐匿朝鮮亡虜，下獄病死。				齊

騠茲侯稽谷姑師古曰：「騠音大奚反。」	以小月氏右苴王將衆降，侯，千九百戶。師古曰：「苴音子余反。」	四年十一月丁未封，三年，太初元年薨，亡後。				琅邪
浩侯王恢	以故中郎將將兵捕得車師王，侯。	正月甲申封，一月，坐使酒泉矯制害，當死，贖罪，免。如淳曰：「律，矯詔大害，要斬。有矯詔害，矯詔不害。」				
瓡讘侯扜者師古曰：「瓡讀與狐同。讘音之涉反。」	以小月氏王將軍衆千騎降，侯，七百六十戶。	正月乙酉封，二年薨。	六月，侯勝嗣，五年，天漢二年薨，制所幸封，不得嗣。			河東

幾侯張路師古曰：「路音格，又音各。」	以朝鮮王子漢兵圍朝鮮降侯。	三年癸未封，六年，使朝鮮，謀反，格死。				河東
涅陽康侯最	以父朝鮮相路人，漢兵至，首先降，道死，子侯。	三月壬寅封，五年，太初元年薨，亡後。				齊
海西侯李廣利	以貳師將軍擊大宛斬王侯，八千戶。	太初四年四月丁巳封，十一年，延和三年，擊匈奴兵敗，降。				
新畤侯趙弟	以貳師將軍騎士斬（都）〔郁〕成王首，侯。師古曰：「郁成，西域國名也。」	四月丁巳封，七年，太始三年，坐爲太常鞠獄不實，入錢百萬贖死，而完爲城旦。				齊

		如淳曰：「鞫者以其辭決罪也。」晉灼曰：「律說出罪爲故縱，入罪爲故不直。」				
承父侯續相如	以使西域發外王子弟，誅斬扶樂王首，虜二千五百人，侯，千百五十戶。	太始三年五月封，五年，延和四年四月癸亥，坐賊殺軍吏，謀入蠻夷，祝詛上，要斬。				東萊
開陵侯成娩 師古曰：「娩音晚，又音免。」	以故匈奴介和王將兵擊車師，不得封年。		侯順嗣。	質侯褭嗣，薨，亡後。		
				元延元年六月乙未，釐侯級以	侯參嗣，王莽敗，絕。	

				襃弟紹封，千二十戶。		
秺侯商丘成 如淳曰：「秺音腐蠹反。」	以大鴻臚擊衛太子，力戰，亡它意，侯，二千一百二十戶。	延和二年七月癸巳封，四年，後二年，坐爲詹事侍祠孝文廟，醉歌堂下曰「出居，安能鬱鬱」，大不敬，自殺。				濟陰
重合侯莽通	以侍郎發兵擊反者如侯，侯，四千八百七十戶。	七月癸巳封，四年，後二年，坐發兵與衛尉潰等謀反，要斬。				勃海
德侯景建	以長安大夫從莽通共殺如侯，	七月癸巳封，四年，後二年，坐共				濟南

	得少傅石德,侯,三千七百三十五戶。	莽通謀反,要斬。				
題侯張富昌	以山陽卒與李壽共得衛(李)〔太子〕,侯,八百五十八戶。	九月封,四年,後二年四月甲戌,為人所賊殺。				鉅鹿
邘侯李壽 師古曰:「邘音于。」	以新安令史得衛太子,侯,一百五十戶。	九月封,三年,坐為衛尉居守,擅出長安界,送海西侯至高橋,又使吏謀殺方士,不道,誅。				河內
轑陽侯江喜 師古曰:「轑音聊。」	以圉嗇夫捕反者故城父令公	二年十一月封。	六年,侯仁嗣,永光四年,坐使家			清河

	孫勇侯，千一百二十戶。師古曰：「圉，淮陽縣也。」		丞上書還印符，隨方士，免。			
當塗康侯魏不害	以圉守尉捕反者淮陽胡倩侯，侯聖與議定策，益封，凡二千二百戶。	十一月封，薨。	愛侯聖嗣。	剌侯楊嗣。	戴侯向嗣。	九江　侯堅居嗣，居攝二年，更爲翼漢侯，王莽簒位，爲翼新侯，莽敗，絕。
蒲侯蘇昌	以圉小史捕反者故越王子鄒起侯，千二十六戶。	十一月封。	侯夷吾嗣，鴻嘉三年，坐婢自贖爲民後略以爲婢，免。			琅邪
丞父侯孫王	以告反者太原白義等侯，千一	四年三月乙酉封，三年，始元元				東萊

號諡姓名	侯狀戶數	始封	子	孫	曾孫	玄孫
	百五十戶。	年，坐殺人，會赦，免。				

右孝武七十五人。武安、周陽、長平、冠軍、平津、周子南、樂通、牧丘、富民九人在外戚恩澤，南奅、龍頟、宜春、陰安、發干五人隨父，凡八十九人，王子不在其中。

號諡姓名	侯狀戶數	始封	子	孫	曾孫	玄孫
秺敬侯金日磾	以駙馬都尉發覺侍中莽何羅反侯，二千二百一十八戶。	始元二年侯，丙子封，一日薨。	始元二年，侯賞嗣，四十二年薨，亡後。	孫		元始四年，侯常以日磾曾孫紹侯，千戶，王莽敗，絕。
建平敬侯杜延年	以諫大夫告左將軍等反侯，二千戶，以太僕與大將軍先定策，益封，（三）〔二〕千三百六十戶。	元鳳元年七月甲子封，二十八年薨。	甘露二年，孝侯緩嗣，十九年薨。	竟寧元年，荒侯業嗣，三十四年薨。	元始二年，侯輔嗣。	濟陽侯憲嗣，建武中以先降梁王，薨，不得代。師古曰：「梁王，劉永也。」

宜城戴侯燕倉	以假稻田使者先發覺左將軍桀等反謀，告大司農敞，侯。侯安削戶六百，定七百戶。	七月甲子封，六年薨。	元平元年，剌侯安嗣，四十一年薨。	竟寧元年，釐侯奮嗣，十年薨。	陽朔二年，煬侯武嗣。	濟陰侯級嗣。
			六世侯舊嗣，王莽敗，絕。			
弋陽節侯任宮	以故丞相徵事手捕反者左將軍桀，侯，九百一十五戶。	七月甲子封，三十三年薨。	初元二年，剛侯千秋嗣，三十二年薨。	河平三年，愿侯惲嗣，二年薨。	陽朔元年，孝侯岑嗣，二十四年薨。	元始元年，侯固嗣，更始元年，爲兵所殺。
商利侯王山壽	以丞相少史誘反者車騎將軍	七月甲子封，十四年，元康元年，				徐

	安入丞相府，侯，九百一十五戶。	坐爲代郡太守故劾十人罪不直，免。				
成安嚴侯郭忠	以張掖屬國都尉匈奴入寇與戰，斬黎汗王，侯，七百二十四戶。	三年二月癸丑封，七年薨。	本始三年，愛侯遷嗣，四年薨。	元康三年，刻侯賞嗣，四十一年薨。	陽朔三年，郻侯長嗣。師古曰：「郻音梟。」	潁川 釐侯萌嗣，薨，亡後。
			六世 居攝元年，侯每以忠玄孫之子紹封，王莽敗，絕。			
平陵侯范明友	以校尉擊反氐，後以將軍擊烏桓，獲王，虜首六千二百，侯，與大	四年七月乙巳封，十一年，地節四年，坐謀反誅。				武當

	將軍光定策，益封，凡二千九百二十戶。					
義陽侯傅介子	以平樂廄監使誅樓蘭王，斬首，侯，七百五十九戶。	七月乙巳封，十三年，元康元年薨。嗣子有罪，不得代。			元始四年，侯長以介子曾孫紹封，更始元年，爲兵所殺。	平氏

右孝昭八人。博陸、安陽、宜春、安平、富平、陽平六人在恩澤外戚，桑樂一人隨父，凡十五人。

長羅壯侯常惠	以校尉光祿大夫持節將烏孫兵擊匈奴，獲名王，首虜三萬九千級，侯，二千八百五十戶。	本始四年四月癸巳封，二十四年薨。	初元二年，嚴侯成嗣，十六年薨。	建始三年，愛侯邯嗣，五年薨。	河平四年，侯翕嗣，四十九年，建武四年薨，亡後。	陳留

爰戚靖侯趙長年	以平陵大夫告楚王延壽反，侯，千五百三十戶。	地節二年四月癸卯封，十七年薨。	節侯訢嗣。	永始四年，侯牧嗣，四十年，建武四年，以先降梁王，免。		
博成侯張章	以長安男子先發覺大司馬霍禹等謀反，以告期門董忠，忠以聞，侯，三千九百一十三戶。	四年八月乙丑封，九年薨。	五鳳元年，侯建嗣，十二年，建始四年，坐尙陽邑公主與婢姦主旁，數醉罵主，免。			淮陽
高昌壯侯董忠	以期門受張章言霍禹謀反，告左曹楊惲，侯，再坐法，削戶千一百，定七十九戶。	八月乙丑封，十九年薨。	初元二年，煬侯宏嗣，四十一年，建平元年，坐佞邪，免，二年，復封故國，三年薨。	元壽元年，侯武嗣，二年，坐父宏前爲佞邪，免。	建武二年五月己巳，侯永紹封。	千乘

平通侯楊惲	以左曹中郎受董忠等言霍禹等謀，以告侍中金安上，侯，二千五百戶。	八月乙丑封，十年，五鳳三年，坐爲光祿勳誹謗政治，免。				博陽
都成敬侯金安上	以侍中中郎將受楊惲言霍禹等反謀，傳言止內霍氏禁闥，侯，千七百七十一戶。	八月乙丑封，十一年薨。	五鳳三年，夷侯常嗣，一年薨，亡後。	元始元年，侯欽以安上孫紹封，爲王莽誅。	元始元年，戴侯楊嗣，王莽敗，絕。	
合陽愛侯梁喜	以平陽大夫告霍徵史、徵史子信、家監迴倫、故侍郎鄭尙時謀反，侯，千五百戶。	元康四年二月壬午封，四十一年薨。	建始二年，侯放嗣。	元始五年，侯萌以喜孫紹封，千戶，王莽敗，絕。		平原

安遠繆侯鄭吉	以校尉光祿大夫將兵迎日逐王降，又破車師，侯，坐法削戶三百，定七百九十戶。	神爵三年四月壬戌封，十一年薨。	初元元年，侯光嗣，八年，永光三年薨，亡後。	居攝元年，侯永以吉曾孫紹封，千戶，王莽敗，絕。		愼
歸德靖侯先賢撣 師古曰：「撣音纏。」	以匈奴單于從兄日逐王率衆降，侯，二千二百五十戶。	四月戊戌封，二十六年薨。	竟寧元年，煬侯富昌嗣，二年薨。	建始二年，侯諷嗣，五十六年薨。	建武二年，侯襄嗣。	汝南 侯霸嗣，永平十四年，有罪免。
信成侯王定	以匈奴烏桓屠槖單于子左大將軍率衆降，侯，千六百戶，後坐弟謀反，削百五	五鳳二年九月癸巳封，十二年薨。	初元五年，侯廣漢嗣，三年，永光三年薨，亡後。	元始五年，侯楊以定孫紹封，千戶。		細陽

	戶。師古曰：「驀音莫白反。」				
義陽侯厲溫敦	以匈奴謼遬累單于率衆降侯，千五百戶。師古曰：「謼與呼同。累音力佳反。」	三年二月甲子封，四年，坐子伊細王謀反，削爵爲關內侯，食邑千戶。			

右孝宣十一人。陽都、營平、平丘、昌水、陽城、爰氏、扶陽、高平、陽城、博陽、邛成、將陵、建成、西平、平恩、平昌、樂陵、平臺、樂昌、博望、樂成二十一人在恩澤外戚，樂平、冠陽、酇、周子南君四人隨父，凡三十六人。

義成侯甘延壽	以使西域騎都尉討郅支單于斬王以下千五百級侯，四百戶，	竟寧元年四月戊辰封，九年薨。	陽朔元年，煬侯建嗣，十九年薨。	建平元年，節侯遷嗣，居攝二年更爲誅郅支侯，十四年薨。	建國二年，侯相嗣，建武四年，爲兵所殺。

	孫遷益封，凡二千戶。					
騶望忠侯冷廣師古曰：「冷音零。」	以濕沃公士告男子馬政謀反，侯，千八百戶。師古曰：「濕音它合反。」	(煬)〔鴻〕嘉元年正月辛丑封，薨。	侯何齊嗣，王莽敗，絕。			琅邪
延鄉節侯李譚	以尉氏男子捕得反者樊並侯，千戶。	永始四年七月己巳封，十三年薨。	元始元年，侯成嗣，王莽敗，絕。			
新山侯稱忠	以捕得反者樊並侯，千戶。	十一月己酉封。				
童鄉釐侯鍾祖	以捕得反者樊並侯，千戶。	七月己酉封，薨。亡後。	元始五年，侯匡以祖子紹封，王莽敗，絕。			

樓虛侯訾順	以捕得反者樊並侯，千戶。	七月己酉封。

右孝元一人。安平、平恩、扶陽三人隨父，陽平、樂安二人在恩澤外戚，凡六人。孝成五人。安昌、高陽、安陽、城陽、高陵、定陵、殷紹嘉、宜鄉、氾鄉、博山十人在恩澤外戚，武陽、博陽、贊、騏、龍頟、開陵、樂陵、博望、樂成、安平、平阿、成都、紅陽、曲陽、高平十五人隨父，凡三十人。

師古曰：「頟字或作額。」

校勘記

六三五頁六行 後（有）〔世〕承平，景祐、殿本都作「世」。王先謙說作「世」是。

六三六頁三欄 三格，王先謙說「四年」當作「四月」。按景祐、殿、局本都作「四月」。

六三七頁二欄 四格「獲」，景祐、殿本都作「復」。王先謙說作「復」是。

六四〇頁二欄 一格「翕侯」，王先謙說史表作「易侯」是。按景祐、殿本都作「易侯」。

六四〇頁四欄 二格，王先謙說「漢」當爲「侯」。按殿、局本作「侯」，景祐本亦誤。

六四一頁二欄 四格，蘇輿說「後」下「元」字衍。按景祐本無。

六四七頁一欄　三格，王先謙說史表「上容」作「上谷」，「戈守」作「戍卒」，「計」上有「上」字，是。按景祐、殿本「谷」「卒」二字不誤，局本「卒」亦誤作「守」。

六四七頁三欄　二格，王先謙說史表作「得兩王子騎將功侯」，此表「子」誤「千」，又奪「將」字。

三格「匈奴河」，史表無「奴」字。王說此衍。

六五二頁三欄　三格「六年」，景祐、殿本都作「六月」。五格「二」，景祐、殿、局本都作「上」。

六五二頁四欄　三格「六年」，景祐、殿本都作「六月」，史表同。

六五三頁三欄　三格，蘇輿說「三年」當作「三月」。按景祐、殿、局本都作「三月」。

六五四頁五欄　三格，王先謙說「五年」當爲「五月」。按殿本作「五月」。

六五六頁二欄　七格「堵陽」，據景祐、殿本補。

六五七頁四欄　四格「延和」當作「征和」。衞太子死於征和二年。漢無延和年號。

六五九頁三欄　一格，錢大昭說南監本、閩本「直」作「苴」。按景祐、殿、局本都作「苴」。

六六一頁四欄　二格，王先謙說「都」是「郁」傳寫之誤。按景祐、殿本都作「郁」。

六六四頁二欄　二格，王先謙說「李」乃「太子」二字合誤一字。按景祐、殿、局本都作「太子」。

六六六頁四欄　二格，朱一新說據傳，「三千」當作「二千」。按景祐、殿本都作「二千」。

六七四頁二欄　三格「煬」，景祐、殿本都作「鴻」。王先謙說作「鴻」是。

漢書卷十八

外戚恩澤侯表第六

自古受命及中興之君，必興滅繼絕，修廢舉逸，然後天下歸仁，四方之政行焉。〔一〕傳稱武王克殷，追存賢聖，至乎不及下車。〔二〕世代雖殊，其揆一也。高帝撥亂誅暴，庶事草創，日不暇給，然猶修祀六國，求聘四皓，過魏則寵無忌之墓，適趙則封樂毅之後。〔三〕及其行賞而授位也，爵以功爲先後，官用能爲次序。後嗣共己遵業，舊臣繼踵居位。〔四〕至乎孝武，元功宿將略盡。會上亦興文學，進拔幽隱，公孫弘自海瀕而登宰相，〔五〕於是寵以列侯之爵。又疇咨前代，詢問耆老，初得周後，復加爵邑。自是之後，宰相畢侯矣。元、成之間，晚得殷世，以備賓位。

〔一〕師古曰：「論語孔子陳帝王之法云『審法度，修廢官，四方之政行焉；興滅國，繼絕世，舉逸人，天下之人歸心焉』。故此序引之也。」

〔二〕師古曰：「禮記云『武王克殷，未及下車，而封黄帝之後於薊，封帝堯之後於祝，封帝舜之後於陳』。此其事也。」

〔三〕師古曰：「高紀十二年詔云：『秦皇帝、楚隱王、魏安釐王、齊愍王、趙悼襄王皆絕無後。其與秦皇帝守冢二十家，楚、魏、齊各十家，趙及魏公子無忌各五家。』張良傳高帝謂四人曰『吾求公，公避逃我，今公何自從吾兒游乎？』又高紀十年『求樂毅有後乎，得其孫叔，封之樂鄉，號華成君』也。楚、魏、齊、趙皆舊六國，故總云六國。四皓須眉皓白，故謂之四皓。稱號在王貢兩龔鮑傳。」

〔四〕師古曰：「共讀曰恭。」

〔五〕師古曰：「海瀕，謂近海之地。瀕音頻，又音賓。」

漢興，外戚與定天下，侯者二人。〔一〕故誓曰：「非劉氏不王，若有亡功非上所置而侯者，天下共誅之。」是以高后欲王諸呂，王陵廷爭；孝景將侯王氏，脩侯犯色。〔二〕卒用廢黜。是後薄昭、竇嬰、上官、衞、霍之侯，以功受爵。其餘后父據春秋褒紀之義，〔三〕帝舅緣大雅申伯之意，〔四〕寖廣博矣。〔五〕是以別而敍之。

〔一〕服虔曰：「呂后兄周呂侯澤、建成侯釋之。」師古曰：「與讀曰豫，言豫其功也。」

〔二〕師古曰：「脩音條。」

〔三〕應劭曰：「春秋，天子將納后於紀，紀本子爵也，故先褒爲侯，言王者不取於小國。」

〔四〕應劭曰：「申伯，周宣王元舅也，爲邑於謝。後世欲光寵外親者，緣申伯之恩，援此義以爲諭也。」

〔五〕師古曰：「寖，漸也。」

號謚姓名	侯狀戶數	始封	子	孫	曾孫	玄孫
臨泗侯呂公	以漢王后父賜號。	元年封，四年薨，高后元年追尊曰呂宣王。				
周呂令武侯澤	以客從入漢，定三秦，將兵下碭，漢王敗彭城，往從之，佐定天下。	六年正月丙戌封，三年薨。	侯台嗣，高祖九年更封爲酈侯，四年，高后元年，爲呂王，二年薨，謚曰肅，追尊令武曰悼武王。	腄三年，王嘉嗣，坐驕廢。侯通，嘉弟，六年四月丁酉封，八年，爲燕王，九月，反，誅。東平侯庀，通弟，八年五月丙辰封，九月，反，誅。師古曰：「腄音之瑞反。庀音匹履反。」		

	建成康侯釋之
	以客從擊秦。漢王入漢，使釋之歸豐衞太上皇。
	六年四月丙戌封，九年薨。
汶侯產，台弟，高后元年四月辛卯封，六年，爲呂王，七年，爲梁王，八年，反，誅。師古曰：「汶音問。」	孝惠二年，侯則嗣，七年有罪，免。則弟種，高后元年四月乙酉封，奉呂宣王國，七年，更爲不其侯，八年，反，誅。

			漢陽侯祿，種弟，高后元年九月丙寅封，八年，爲趙王，追尊康侯曰趙昭王，九月，反，誅。			

右高祖三人。

扶柳侯呂平	以皇太后姊長姁子侯。師古曰：「平既呂氏所生，不當姓呂，蓋史家唯記母族也。姁音况于反，又音况羽反。」	元年四月丙寅封，八年，反，誅。				

襄城侯義	以孝惠子侯。	四月辛卯封，三年，爲常山王。				
軹侯朝	以孝惠子侯。	四月辛卯封，四年，爲常山王。				
壺關侯武	以孝惠子侯。	四月辛卯封，六年，爲淮陽王。				
昌平侯大	以孝惠子侯。	二月癸未封，七年，爲呂王。				
贅其侯呂勝	以皇太后昆弟子淮陽丞相侯。	四月丙申封，八年，反誅。				
滕侯呂更始	爲舍人郎中十二歲，以都尉屯霸上，用楚丞相侯。	四月丙申封，八年，反誅。				

呂成侯呂忿	以皇太后昆弟子侯。	四月丙申封，八年，反，誅。				
祝茲侯呂瑩師古曰：「瑩音滎，又音烏瞑反。」	以皇太后昆弟子侯。	八年四月丁酉封，九月，反，誅。				
建陵侯張釋寺人	以大謁者勸王諸呂侯。	四月丁酉封，九月，免。				

右高后十人。五人隨父，凡十五人。

軹侯薄昭	高祖七年爲郎，從軍十七年，以中大夫迎帝於代，以車騎將軍迎皇太后，侯，萬戶。	元年正月乙巳封，十年，坐殺使者，自殺。帝臨，爲置後。	十一年，易侯戎奴嗣，三十年薨。	建元二年，侯梁嗣。		

鄔侯駟鈞師古曰：「鄔音一戶反，又音於度反。」	以齊王舅侯。	四月辛未封，六年，坐濟北王興居舉兵反，弗救，免。			
周陽侯趙兼	以淮南王舅侯。	四月辛未封，六年，有罪，免。			
右孝文三人。					
章武景侯竇廣國	以皇太后弟侯，萬一千戶。	孝文後七年六月乙卯封，七年薨。	孝景七年，共侯定嗣，十八年薨。	元光三年，侯常生嗣，十年，元狩元年，坐謀殺人，未殺，免。	
南皮侯竇彭祖	以皇太后兄子侯。	六月乙卯封，二十一年薨。	建元六年，夷侯良嗣，五年薨。	元光五年，侯桑林嗣，十八年，元鼎五年，坐酎金免。	

魏其侯竇嬰	以將軍屯滎陽扞破吳楚七國侯。皇太后昆弟子。	三年六月乙巳封，二十三年，元光四年，有罪，棄市。				
蓋靖侯王信	以皇后兄侯。	中五年五月甲戌封，二十五年薨。	元光三年，頃侯充嗣。	侯受嗣，元鼎五年坐酎金免。		
右孝景四人。						
武安侯田蚡	以皇太后同母弟侯。	孝景後三年三月封，十年薨。	元光四年，侯恬嗣，五年，元朔三年，坐衣襜褕入宮，不敬，免。師古曰：「衣謂著之也。襜褕，直裾禪衣也。襜音昌占反。褕音踰。」			

周陽懿侯田勝	以皇太后同母弟侯。	三月封，十二年薨。	元光六年，侯祖嗣，八年，元狩三年，坐當歸軹侯宅不與，免。			
長平烈侯衛青	以將軍擊匈奴取朔方侯，後破右賢王，益封，又封三子。皇后弟。	元朔二年二月丙辰封，二十三年薨。	宜春侯伉，五年四月丁未以青功封，元鼎元年坐撟制不害免，太初元年嗣侯，五年，(蘭)〔闌〕入宮，完爲城旦。			
			陰安侯不疑，四月丁未以青功封，十			

		平津獻侯公孫弘	冠軍景桓侯霍去病
		以丞相詔所褒侯，三百七十三戶。	以校尉擊匈奴侯，後以將軍破祁連迎昆邪王，
		元朔三年十一月乙丑封，六年薨。	六年四月壬申封，七年薨。
二年，元鼎五年，坐酎金免。	發干 侯登，四月丁未以青功封，坐酎金免。	元狩三年，侯度嗣，十三年，元封四年，坐爲山陽太守詔徵鉅野令史成不遣，完爲城旦。	南陽 元鼎元年，哀侯嬗嗣，七年薨，亡
	元康四年，詔賜青孫錢五十萬，復家。		樂平 侯山，地節二年四月癸巳以從
	永始元年，青曾孫玄以長安公乘爲侍郎。		
	元始四年，賜青玄孫賞爵關內侯。	高城	東郡

		周子南君姬嘉	
益封。皇后姊子。		以周後詔所褒侯，三千戶。	
		元鼎四年十一月丁卯封，六年薨。	
後。師古曰：「嬗音上戰反。」		元封四年，君置嗣，二十四年薨。	
祖祖父大將軍光功封，三千戶，四年，坐謀反，誅。	冠陽侯雲，山弟，三年四月戊申以大將軍光功封，千八百戶，四年，坐謀反，誅。	始元四年，君當嗣，十六年，地節三年，坐使奴殺家丞，棄市。	元康元年三月丙戌，君延年以
			建昭三年，質侯安嗣，四年薨。
	南陽	長社	陽朔二年，釐侯世嗣，八年薨。

	六世 永始二年，侯當嗣，七年，綏和元年，進爵爲公，地滿百里，元始四年，爲鄭公，王莽簒位，爲章牟公。
當弟紹封，初元五年正月癸巳，更封爲周承休侯，位次諸侯王，二十九年薨，謚曰考。	七世 天鳳元年，公常嗣，建武二年五月戊辰更爲周承休侯。
	八世 五年，侯武嗣，十三年，更爲衞公。
	觀

樂通侯欒大	以方術詔所襃侯，三千戶。	四年四月乙巳封，五年，坐罔上，要斬。				高平
牧丘恬侯石慶	以丞相及父萬石積行侯。	五年九月丁丑封，十年薨。	太初三年，侯德嗣，二年，天漢元年，坐爲太常失法罔上，祠不如令，完爲城旦。			平原
富民定侯車千秋	以丞相侯，八百戶，以遺詔益封，凡千六百戶。	征和四年六月丁巳封，十二年薨。	元鳳四年，侯順嗣，六年，本始三年，坐爲虎牙將軍擊匈奴詐增虜獲，自殺。			蘄

右孝武九人。三人隨父，凡十二人。

博陸宣成侯霍光	以奉車都尉捕反者莽何羅侯，二千三百五十戶，後以大將軍益封，萬七千二百戶。	始元二年正月壬寅封，十七年薨。	地節二年四月癸卯，侯(禺)〔禹〕嗣，四年，謀反，要斬。		元始二年四月乙酉，侯陽以光從父昆弟之曾孫龍勒士伍紹封，三千戶，王莽篡位，絕。	北海河間東郡 師古曰：「光初封食北海、河間，後益封又食東郡。」
安陽侯上官桀	以騎都尉捕反者莽何羅侯，二千三百戶。女孫爲皇后。	正月壬寅封，五年，元鳳元年，反，誅。	桑樂侯安 始元五年六月辛丑以皇后父車騎將軍封，千五百戶，二年，反，誅。			蕩陰 師古曰：「桀所食也。」 千乘 師古曰：「安所食也。」
宜春敬侯王訢	以丞相侯，子譚與大將軍光定策，益封，坐法削。	元鳳四年二月乙丑封，二年薨。	元鳳六年，康侯譚嗣，四十五年薨。	建始三年，孝侯咸嗣，十八年薨。	元延元年，釐侯章嗣，(十)八年薨。	汝南 建平三年，侯強嗣，二十六年，更

	戶五百，定六百八戶。					始元年，為兵所殺。
安平敬侯(陽)〔楊〕敞	以丞相侯，七百戶，與大司馬大將軍光定策，益封子忠，凡五千五百四十七戶。	六年二月乙丑封，一年薨。	元平元年，頃侯忠嗣，十一年薨。	元康三年，侯譚嗣，九年，五鳳四年，坐為典屬國季父惲有罪，譚言誹，免。		汝南
富平敬侯張安世	以右將軍光祿勳輔政勤勞侯，以車騎將軍與大將軍光定策，益封，凡萬三千六百四十戶。	十一月乙丑封，十三年薨。	陽都 元(侯)〔康〕四年，愛侯延壽嗣，十一年薨。元康三年三月乙未，侯彭祖以世父故掖庭令賀有舊恩封，千六百	甘露三年，繆侯敞嗣，四年薨。師古曰：「自敞以下至純皆延壽之嗣也。」	初元二年，共侯臨嗣，十五年薨。	平原 思侯放嗣，三十六年薨。

		陽平節侯蔡義
		以丞相侯，前爲御史大夫與大將軍光定策，益封，凡七百戶。
		元平元年九月戊戌封，三年，本始四年薨，亡後。
戶，四年，神爵三年，爲小妻所殺。	六世 建平元年，侯純嗣，王莽建國四年更爲張鄉侯，建武中爲武始侯。	
	今見	

右孝昭六人。一人桑樂侯隨父，凡七人。

營平壯侯趙充國	以後將軍與大將軍光定策功侯，千二百七十九戶。	本始元年八月辛未封，二十二年薨。	甘露三年，質侯弘嗣，二十二年薨。	建始四年，考侯欽嗣，七年薨。	陽朔三年，侯岑嗣，十二年，元延三年，坐父欽詐以長安女子王君俠子爲嗣，免。戶二千九百四十四。	濟南
平丘侯王遷	以光祿大夫與大將軍光定策功侯，千二百五十三戶。	八月辛未封，五年，地節二年，坐平尚書聽請受臧六百萬，自殺。如淳曰：「律，諸爲人請求於吏以枉法，而事已行，爲聽行者，皆爲司寇。」師古曰：「有人私請求，而聽受之。」				肥城

昌水侯田廣明	以鴻臚擊武都反氐賜爵關內侯，以左馮翊與大將軍光定策，侯，二千七百戶。	八月辛未封，三年，坐爲祁連將軍擊匈奴不至期，自殺。				於陵
陽城侯田延（平）〔年〕	以大司農與大將軍光定策功侯，二千四百五十三戶。	八月辛未封，二年，坐爲大司農盜都內錢三千萬，自殺。如淳曰：「天子錢藏中都內，又曰大內。」				濟陽
爰氏肅侯便樂成 師古曰：「杜周傳作史樂成。霍光傳作使樂成。今此云姓便，三者不同，疑表誤。」	以少府與大將軍光定策功侯，二千三百二十七戶。	八月辛未封，一年薨。	本始二年，康侯輔嗣，三年薨。	地節元年，哀侯臨嗣，二年薨，亡子，絕。	元始五年閏月丁酉，侯鳳以樂成曾孫紹封，千戶，王莽敗，絕。	單父

扶陽節侯韋賢	以丞相侯，七百一十一戶。	(二)〔三〕年六月甲辰封，十年薨。	神爵元年，共侯玄成嗣，九年，有罪，削一級爲關內侯，永光二年二月丁酉復以丞相侯，六年薨。	建昭三年，頃侯寬嗣。	元延元年，釐侯育嗣。	蕭侯湛嗣，元始中戶千四百二十，王莽敗，絕。
平恩戴侯許廣漢	以皇太子外祖父昌成君侯，五千六百戶。	地節三年四月戊申封，七年薨，亡後。	初元元年，共侯嘉以廣漢弟子中常侍紹侯，二十二年薨。	河平一年，嚴侯況嗣。	鴻嘉二年，質侯旦嗣，二十九年薨。	建國四年，侯敬嗣，王莽敗，絕。
高平憲侯魏相	以丞相侯，八百一十三戶。	地節三年六月壬戌封，八年薨。	神爵三年，侯弘嗣，六年，甘露元年，坐酎宗廟騎至司馬門，不敬，削爵一級爲關內侯。			柘

平昌節侯王無故	以帝舅關內侯侯，六百戶。	四年二月甲寅封，九年薨。	五鳳元年，考侯接嗣，十六年薨。	永光三年，釐侯臨嗣，二十一年薨。	鴻嘉元年，侯獲嗣，三十八年，建武五年，詔書復獲。師古曰：「以其失爵復之也。復音方目反。」	
樂昌共侯王武	以帝舅關內侯侯，六百戶。	二月甲寅封，十四年薨。	甘露二年，戾侯商嗣，二十七年薨。	河平四年，侯安嗣，二十七年，元始三年，爲王莽所殺。		汝南
陽城繆侯劉德	以宗正關內侯行謹重爲宗室率，侯，子安民以戶五百贖弟更	四年三月甲寅封，十年薨。	五鳳二年，節侯安民嗣，（十）八年薨。	初元元年，釐侯慶忌嗣，二十一年薨。	居攝元年，侯颯嗣，王莽敗，絕。師古曰：「颯音立。」	汝南

	生罪，減一等，定戶六百四十戶。					
樂陵安侯史高	以悼皇考舅子侍中關內侯與發霍氏姦，侯，二千三百戶。師古曰：「與讀曰豫。」	八月乙丑封，二十四年薨。	永光二年，嚴侯術嗣，十一年薨。	建始二年，康侯崇嗣，四年薨，亡後。元延二年六月癸巳，侯淑以崇弟紹封，亡後。	元始四年，侯岑以高曾孫紹封，王莽敗，絕。	
		武陽頃侯丹	鴻嘉元年四月庚辰以帝爲太子時輔導有舊恩侯，千三百戶，七年薨。	永始四年，煬侯邯嗣，十一年薨。	元壽二年，侯獀嗣，更始元年爲兵所殺。	鄭
邛成共侯王奉光	以皇后父關內侯侯，二千七百五十戶。	元康二年三月癸未封，十八年薨。	初元二年，侯敞嗣，二十八年薨。	鴻嘉二年，侯勳嗣，十四年，建平二年，坐選舉不	元始元年，侯堅固以奉光曾孫紹封，王莽敗，絕。	濟陰

				以賓，罵廷史，大不敬，免。		
		安平夷侯舜	初元元年癸卯以皇太后兄侍中中郎將封，千四百戶，十三年薨。	建昭四年，剛侯章嗣，十四年薨。	陽朔四年釐侯淵嗣，二十五年薨。	元始五年，懷侯買嗣，王莽敗，絕。
將陵哀侯史（魯）〔曾〕	以悼皇考舅子侍中中郎將關內侯有舊恩侯，二千二百戶。	三月乙未，封，五年，神爵四年薨，亡後。				
平臺康侯史玄	以悼皇考舅子侍中中郎將關內侯有舊恩侯，千九百戶。	三月乙未封，二十五年薨。	建昭元年，戴侯恁嗣，十九年薨。師古曰：「恁音女林反。」	鴻嘉二年，侯習嗣。		常山

博望頃侯許舜	以皇太子外祖父同產弟長樂衞尉有舊恩侯，千五百戶。	三月乙未封，四年薨。	神爵三年，康侯敞嗣，八年薨。	甘露三年，戾侯黨嗣，二十六年薨。	河平四年，釐侯並嗣，薨，亡後。	
					元延二年六月癸巳，侯報子以並弟紹封，千戶，王莽敗，絕。	
樂成敬侯許延壽	以皇太子外祖父同產弟侍中關內侯有舊恩侯，千五百戶。	三月乙未封，十年薨。	甘露元年，思侯湯嗣，六年薨。	初元二年，哀侯常嗣，九年薨。		平氏
				元延二年，節侯恭以常弟紹封，千戶。	建昭元年，康侯去疾嗣，二十一年，鴻嘉三年薨，	

					亡後，侯修嗣，王莽敗，絕。	
博陽定侯丙吉	以御史大夫關內侯有舊恩功德茂侯，千三百三十戶。	元康三年二月乙未封，八年薨。	五鳳三年，(侯)顯嗣，二年，甘露元年坐酎宗廟騎至司馬門，不敬，奪爵一級爲關內侯。	鴻嘉元年六月己巳，康侯昌以吉孫紹(封)。	元始二年，釐侯並嗣。	南頓侯勝客嗣，王莽敗，絕。
建成定侯黃霸	以丞相侯，六百戶，侯賞以定陶太后不宜立號，益封，二千二百戶。	五鳳三年二月壬申封，四年薨。	甘露三年，思侯賞嗣，三十年薨。	陽朔三年，忠侯輔嗣，二十七年薨。	居攝二年，侯輔嗣，王莽敗，絕。	沛

西平安侯于定國	以丞相侯，六百六十戶。	甘露三年五月甲子封，十一年薨。	永光四年，頃侯永嗣，二十四年薨。	鴻嘉元年，侯恬嗣，四十三年，更始元年絕。		臨淮

右孝宣二十人。一人陽都侯隨父，凡二十一人。

陽平頃侯王禁	以皇后父侯，二千六百戶，子鳳以大將軍益封五千四百戶，凡八千戶。	初元元年三月癸卯封，六年薨。	永光二年，敬成侯鳳嗣，二十（四）年薨。	陽朔三年，釐侯襄嗣，十九年薨。	建平四年，康侯岑嗣，十三年薨。	東郡 建國三年，侯莫嗣，十二年，更始元年，爲兵所殺。
		安成共侯崇	建始元年二月壬子，以皇太后母弟散騎光祿大夫關內侯侯，萬戶，二年薨。	建始三年，靖侯奉世嗣，三十九年薨。	建國二年，侯持弓嗣，王莽敗，絕。	汝南

		平阿安侯譚	河平二年六月乙亥，以皇太后弟關內侯侯，二千一百戶，十一年薨。	永始元年，刺侯仁嗣，十九年爲王莽所殺。	元始四年，侯述嗣，建武二年薨，絕。	沛
		成都景成侯商	六月乙亥，以皇太后弟關內侯侯，二千戶，以大司馬益封二千戶，十六年薨。	元延四年，侯況嗣，四年，綏和二年，坐山陵未成置酒歌舞，免。		山陽
				建平元年，侯邑以況弟紹封，王莽篡位，爲隆信公，與莽俱死。		

		紅陽荒侯立	六月乙亥封，以皇太后弟關內侯侯，二千一百戶，三十年薨。	元始四年，侯柱嗣，王莽敗，絕。	曾孫 武桓侯泓，建武元年以父丹爲將軍戰死，往與上有舊，侯。	南陽
		曲陽煬侯根	六月乙亥，以皇太后弟關內侯侯，三千七百戶，再以大司馬益封七千七百戶，哀帝又益二千戶，凡萬二千四百戶，二十一年薨。	建平元年，侯涉嗣，王莽簒位，爲直道公，爲莽所殺。		九江

高平戴侯逢時	
六月乙亥，以皇太后弟關內侯侯，三千戶，十八年薨。	新都侯莽
元延四年，侯置嗣，王莽敗，絕。	永始元年五月乙未，以帝舅曼子侯，千五百戶，後篡位，誅。
	褒新侯安，元始四年四月甲子以莽功侯，二千戶，莽篡位，爲信遷公，病死。 賞都侯臨，四月甲子以莽功侯，二千戶。莽篡位爲天
臨淮	南陽

				子，侯爲統義陽王，自殺。		
樂安侯匡衡	以丞相侯，六百四十七戶。	建昭三年七月癸亥封，七年，建始四年，坐顓地盜土，免。				僮

右孝元二人。一人安平侯隨父，凡三人。

安昌節侯張禹	以丞相侯，六百一十七戶，益戶四百。	河平四年六月丙午封，二十一年薨。	建平二年，侯宏嗣，二十八年，更始元年，爲兵所殺。			汝南
高陽侯薛宣	以丞相侯，千九十戶。	鴻嘉元年四月庚辰封，五年，永始二年，坐西州				東莞

		盜賊羣輩免，其年復封，十年，綏和二年，坐不忠孝，父子賊傷近臣，免。				
安陽敬侯王音	以皇太后從弟大司馬車騎將軍侯，千六百戶，子舜益封。	六月己巳封，五年薨。	永始二年，侯舜嗣，王莽簒位，爲安新公。	建國三年，公攝嗣，更號和新公，與莽俱死。		
成陽節侯趙臨	以皇后父侯，二千戶。	永始元年四月乙亥封，五年薨。	元延二年，侯訢嗣，建平元年，坐弟昭儀絕繼嗣，免，徙遼西。			新息
		新成侯欽	綏和二年五月壬辰以皇太后			〔穰〕

			弟封，一年，建平元年，坐弟昭儀絕繼嗣，免，徙遼西。			
高陵共侯翟方進	以丞相侯，千戶，哀帝卽位，益子宣五百戶。	永始二年十一月壬子封，八千戶，八年薨。	綏和二年，侯宣嗣，十二年，居攝元年，弟東郡太守義舉兵欲討莽，莽滅其宗。			琅邪
定陵侯淳于長	以侍中衞尉言昌陵不可成侯，千戶。皇太后姊子。	元延三年二月丙午封，二年，綏和元年，坐大逆，下獄死。				汝南

殷紹嘉侯孔何齊	以殷後孔子世吉適子侯，千六百七十戶，後六月進爵爲公，地方百里，建平二年益戶九百三十二。師古曰：「適讀曰嫡。孔吉之適子也。」	綏和元年二月甲子封，八年，元始二年，更爲宋公。				沛
宜鄉侯馮參	以中山王舅侯，千戶。	綏和元年二月甲子封，建平元年，坐姊中山太后祝詛，自殺。				
氾鄉侯何武 師古曰：「氾音凡。」	以大司空侯，千戶，哀帝即位益	四月乙丑封，十年，元始三年，爲	元始四年，侯況嗣，建國四年薨。			南陽

	千戶。	莽所殺，賜謚曰剌。				
博山簡烈侯孔光	以丞相侯，千戶，元始元年益萬戶。	二年三月丙戌封，二年，建平二年，坐衆職廢，免，元壽元年五月乙卯復以丞相侯，六年薨。	元始五年，侯放嗣，王莽敗，絕。			順陽

右孝成十八人。安成、平阿、成都、紅陽、曲陽、高平、新都、武陽侯八人隨父，凡十八人。

陽安侯丁明	以帝舅侯，五千戶。	綏和二年四月壬寅封，七年，元始元年，爲王莽〔所〕殺。				

孔鄉侯傅晏	以皇后父侯，三千戶，又益二千戶。	四月壬寅封，六年，元壽二年，坐亂妻妾位免，徙合浦。				夏丘
平周侯丁滿	以帝舅子侯，千七百三十九戶。	五月己丑封，元始三年，坐非正免。				湖陽
高樂節侯師丹	以大司馬關內侯侯，二千三十六戶。	綏和二年七月庚午封，一年，建平元年，坐漏泄免，元始三年二月癸巳更爲義陽侯，二月薨。	侯業嗣，王莽敗，絕。			新野東海

高武貞侯傅喜	以帝祖母皇太太后從父弟大司馬侯，二千三十戶。	建平元年正月丁酉封，十五年薨。	建國二年，侯勁嗣，王莽敗，絕。			杜衍
楊鄉侯朱博	以丞相侯，二千五十戶，上書以故事不過千戶，還千五十戶。	建（元）〔平〕二年四月乙亥封，八月，坐誣罔，自殺。				湖陵
新甫侯王嘉	以丞相侯，千六十八戶。	三年四月丁酉封，三年，元壽元年，罔上下獄瘐死。	元始四年，侯崇紹封，王莽敗，絕。			新野
汝昌侯傅商	以皇太太后從父弟封，千戶，後	四年二月癸卯封，一年，元壽元	元壽二年五月，侯昌以商兄子			陽穀

	以奉先侯祀益封，凡五千戶。	年，坐外附諸侯免。	紹奉祀封，八月，坐非正免。			
陽新侯鄭業	以皇太太后同母弟子侯，千戶。	八月辛卯封，二年，元壽二年，坐非正免。				新野
高安侯董賢	以侍中駙馬都尉告東平王雲祀詛反逆侯，千戶，後益封，二千戶。	建平四年八月辛卯封，二年，元壽二年，坐為大司馬不合衆心免，自殺。				朱扶
方陽侯孫寵	以騎都尉與息夫躬告東平王反謀侯，千戶。	八月辛卯封，二年，元壽二年，坐前為姦讒免，徙合浦。				龍亢

宜陵侯息夫躬	以博士弟子因董賢告東平王反謀侯，千戶。	八月辛卯封，二年，元壽二年，坐祝詛，下獄死。				杜衍
長平頃侯彭宣	以大司空侯，二千七十四戶。	元壽二年五月甲子封，四年薨。	元始四年，節侯聖嗣，十四年薨。	天鳳五年，侯業嗣，王莽敗，絕。		濟南
右孝哀十三人。新成、新都、平陽、營陵、德五人隨父，凡十八人。						
扶德侯馬宮	以大司徒侯，二千戶。	元始元年二月丙辰封，王莽篡位，爲太子師，卒官。				贛榆
扶平侯王崇	以大司空侯，二千戶。	二月丙辰封，三年，爲傅婢所毒，薨。				臨淮

廣陽侯甄豐	以左將軍光祿勳定策安宗廟侯，五千三百六十五戶。	二月癸巳封，王莽篡位，爲廣新公，後爲王莽所殺。				南陽
承陽侯甄邯師古曰：「承音烝。」	以侍中奉車都尉定策安宗廟功侯，二千四百戶。	三月癸卯封，王莽篡位，爲承新公。				汝南
褒魯節侯公子寬	以周公世魯頃公玄孫之玄孫奉周祀侯，二千戶。	六月丙午封，薨。	十一月，侯相如嗣，更姓公孫氏，後更爲姬氏。			南陽平
褒成侯孔均	以孔子世褒成烈君霸（曾）	六月丙午封。				瑕丘

	〔曾〕孫奉孔子祀侯，二千戶。					
防鄉侯平晏	以長〔安〕〔樂〕少府與劉歆、孔永、孫遷四人使治明堂辟雍得萬國驩心功侯，各千戶。	五年閏月丁丑封，王莽篡位，爲就新公。				
紅休侯劉歆	以侍中犧和與平晏同功侯。	閏月丁酉封，王莽篡位，爲國師公，後爲莽所誅。				
寧鄉侯孔永	以侍中五官中郎將與平晏同功侯。	閏月丁酉封，王莽篡位，爲大司馬。				

定鄉侯孫遷	以常侍謁者與平晏同功侯。	閏月丁酉封。				
常鄉侯王惲師古曰：「惲音於粉反。」	以太僕與閻遷、陳崇等八人使行風俗齊同萬國功侯，各千戶。	閏月丁酉封。				
望鄉侯閻遷	以鴻臚與王惲同功侯。	閏月丁酉封。				
南鄉侯陳崇	以大司徒司直與王惲同功侯。	閏月丁酉封。				
邑鄉侯李翕	以水衡都尉與王惲同功侯。	閏月丁酉封。				
亭鄉侯郝黨	以中郎將與王惲同功侯。	閏月丁酉封。				

章鄉侯謝殷	以中郎將與王惲同功侯。	閏月丁酉封。				
蒙鄉侯逯普師古曰：「逯音錄，字或作逮。二姓皆有之。」	以騎都尉與王惲同功侯。	閏月丁酉封，王莽篡位，爲大司馬。				
盧鄉侯陳鳳	以中郎將與王惲同功侯。	閏月丁酉封。				
成武侯孫建	以強弩將軍有折衝之威〔侯〕。	閏月丁酉封，王莽篡位，爲成新公。				
明統侯侯輔	以騎都尉明爲人後一統之義侯。	閏月丁酉封。				

破胡侯陳馮	以父湯前爲副校尉討郅支單于侯，千四百戶。	七月丙申封。			
討狄侯杜勳	以前爲軍假丞手斬郅支單于首侯，千戶。	七月丙申封。			

右孝平二十二人，邛成、博陸、宣平、紅、舞陽、秺、樂陵、都成、新甫、爰氏、合陽、義陽、章鄉、信成、隨桃、褒新、賞都十七人隨父繼世，凡三十九人。

師古曰：「據功臣表及王子侯表平帝時無紅侯，唯周勃玄孫恭以元始二年紹封絳侯。疑紅字當爲絳，轉寫者誤耳。又功臣表作童鄉侯，今此作章鄉，二表不同，亦當有誤也。」

校勘記

六六六頁二欄 四格，王先謙說「蘭」當爲「闌」，誤加艸。按各本都誤。

六九一頁一欄 四格，王先謙說「禺」當爲「禹」。按景祐、殿、局本都作「禹」。

六九二頁二欄 四格原在五格，據殿本移上。

六九一頁三欄　六格，蘇輿說「十」字衍，是。

六九二頁二欄　一格，殿本考證說，敞姓楊，非姓陽，各本誤。

六九三頁三欄　四格「元侯」，景祐、殿、局本都作「元康」。王先謙說作「元康」是。

六九五頁二欄　一格「平」，景祐、殿、局本都作「年」，史表同。

六九六頁一欄　三格，朱一新說「二年」當作「三年」。按景祐、殿本都作「三年」。

六九七頁三欄　四格，王念孫說景祐本無「十」字是。

六九九頁三欄　一格「魯」，景祐、殿、局本都作「會」，史表同。王先謙說此形近致誤。

七〇一頁二欄　四格「侯」字、五格「封」字，都據殿本補。

七〇三頁三欄　四格，蘇輿說「四」字衍，是。

七〇七頁四欄　七格「穰」字據景祐、殿本補。

七一〇頁四欄　三格，王先謙說「莽」下脫「所」字。按殿、局本都有。

七一三頁二欄　三格，錢大昭說「建元」當作「建平」。按景祐、殿本都作「建平」。

七一五頁四欄　二格，王先謙說「魯」是「會」之誤。

七一六頁二欄　二格，王先謙說「長安」誤，當作「長樂」。

七一八頁四欄　二格，錢大昭說戚下脫「侯」字，閩本有。按景祐、殿、局本都有。

漢書卷十九上

百官公卿表第七上

師古曰：「漢制，三公號稱萬石，其俸月各三百五十斛穀。其稱中二千石者月各百八十斛，二千石者百二十斛，比二千石者百斛，千石者九十斛，比千石者八十斛，六百石者七十斛，比六百石者六十斛，四百石者五十斛，比四百石者四十五斛，三百石者四十斛，比三百石者三十七斛，二百石者三十斛，比二百石者二十七斛，一百石者十六斛。」

易敍宓羲、神農、（皇）〔黃〕帝作教化民，〔一〕而傳述其官，〔二〕以爲宓羲龍師名官，〔三〕神農火師火名，〔四〕黃帝雲師雲名，〔五〕少昊鳥師鳥名。〔六〕自顓頊以來，爲民師而命以民事，〔七〕有重黎、句芒、祝融、后土、蓐收、玄冥之官，然已上矣。〔八〕書載唐虞之際，命羲和四子〔九〕順天文，授民時；〔一〇〕咨四岳，以舉賢材，揚側陋；〔一一〕十有二牧，柔遠能邇；〔一二〕禹作司空，平水土；〔一三〕棄作后稷，播百穀；〔一四〕卨作司徒，敷五教；〔一五〕咎繇作士，正五刑；〔一六〕垂作共工，利器用；〔一七〕益作朕虞，育草木鳥獸；〔一八〕伯夷作秩宗，典三禮；〔一九〕夔典樂，和神人；〔二〇〕

龍作納言，出入帝命。〔二〇〕夏、殷亡聞焉，〔二一〕周官則備矣。〔二二〕天官冢宰，地官司徒，春官宗伯，夏官司馬，秋官司寇，冬官司空，是爲六卿，〔二三〕各有徒屬職分，用於百事。〔二四〕太師、太傅、太保，是爲三公，〔二五〕蓋參天子，坐而議政，無不總統，故不以一職爲官名。又立三少爲之副，少師、少傅、少保，是爲孤卿，與六卿爲九焉。記曰三公無官，言有其人然後充之，〔二六〕舜之於堯，伊尹於湯，周公、召公於周，是也。或說司馬主天，司徒主人，司空主土，是爲三公。四岳謂四方諸侯。自周衰，官失而百職亂，戰國並爭，各變異。秦兼天下，建皇帝之號，〔二七〕立百官之職。漢因循而不革，〔二八〕明簡易，隨時宜也。其後頗有所改。王莽篡位，慕從古官，而吏民弗安，亦多虐政，遂以亂亡。故略表舉大分，〔二九〕以通古今，備溫故知新之義云。〔三〇〕

〔一〕應劭曰：「宓羲氏始作八卦，神農氏爲耒耜，黃帝氏作衣裳，神而化之，使民宜之。」師古曰：「見易下繫。宓音伏，字本作虙，轉寫訛謬耳。」

〔二〕師古曰：「春秋左氏傳載郯子所說也。」

〔三〕應劭曰：「師者長也，以龍紀其官長，故爲龍師。春官爲青龍，夏官爲赤龍，秋官爲白龍，冬官爲黑龍，中官爲黃龍。」張晏曰：「庖羲將興，神龍負圖而至，因以名師與官也。」

〔四〕應劭曰：「火德也，故爲炎帝。春官爲大火，夏官爲鶉火，秋官爲西火，冬官爲北火，中官爲中火。」張晏曰：「神農有火星之瑞，因以名師與官也。」

〔五〕應劭曰：「黃帝受命有雲瑞，故以雲紀事也。由是而言，故春官爲青雲，夏官爲縉雲，秋官爲白雲，冬官爲黑雲，中官爲黃雲。」張晏曰：「黃帝有景雲之應，因以名師與官也。」
〔六〕應劭曰：「金天氏，黃帝子青陽也。」張晏曰：「少昊之立，鳳鳥適至，因以名官。鳳鳥氏爲歷正，玄鳥司分，伯趙司至，青鳥司開，丹鳥司閉。」師古曰：「玄鳥，燕也。伯趙，伯勞也。青鳥，鶬鴳也。丹鳥，鷩雉也。」
〔七〕應劭曰：「顓頊氏代少昊者也，不能紀遠，始以職事命官也。春官爲木正，夏官爲火正，秋官爲金正，冬官爲水正，中官爲土正。」師古曰：「自此以上皆郯子之辭也。」
〔八〕應劭曰：「少昊有四叔，重爲句芒，晐爲蓐收，修及熙爲玄冥。顓頊氏有子曰黎，爲祝融。共工氏有子曰句龍，爲后土。故有五行之官，皆封爲上公，祀爲貴神。」師古曰：「上謂其事久遠也。晐音該。」
〔九〕應劭曰：「堯命四子分掌四時之教化也。」張晏曰：「四子謂羲仲、羲叔、和仲、和叔也。」師古曰：「事見虞書堯典。」
〔一〇〕師古曰：「四嶽，分主四方諸侯者。」
〔一一〕應劭曰：「牧，州牧也。」師古曰：「柔，安也。能，善也。邇，近也。」
〔一二〕師古曰：「空，穴也。古人穴居，主穿土爲穴以居人也。」
〔一三〕應劭曰：「棄，臣名也。后，主也，爲此稷官之主也。」師古曰：「播謂布種也。」
〔一四〕應劭曰：「五教，父義，母慈，兄友，弟恭，子孝也。」師古曰：「卨音先列反。」
〔一五〕應劭曰：「士，獄官之長。」張晏曰：「五刑謂墨、刖、劓、剕、宮、大辟也。」師古曰：「咎音皋。繇音弋昭反。墨，鑿其額而涅以墨也。刖，斷足也。劓，割鼻也。剕，去髕骨也。宮，陰刑也。大辟，殺之也。」
〔一六〕應劭曰：「垂，臣名也。爲共工，理百工之事也。」師古曰：「共讀曰龔。」

〔七〕應劭曰：「羿，伯益也。虞，掌山澤禽獸官名也。」師古曰：「羿，古益字也。虞，度也，主商度山川之事。」

〔八〕應劭曰：「伯夷，臣名也。典天神、地祇、人鬼之禮也。」師古曰：「秩，次也；宗，尊也：主尊神之禮，可以次序也。」

〔九〕應劭曰：「夔，臣名也。」師古曰：「夔音鉅龜反。」

〔一〇〕應劭曰：「龍，臣名也。納言，如今尚書，管王之喉舌也。」師古曰：「自此以上皆堯典之文。」

〔一一〕師古曰：「言夏、殷置官事不見於書傳也。禮記明堂位曰『夏后氏官百，殷二百』，蓋言其大數而無職號統屬也。」

〔一二〕師古曰：「事見周書周官篇及周禮也。」

〔一三〕師古曰：「冢宰掌邦治，司徒掌邦教，宗伯掌邦禮，司馬掌邦政，司寇掌邦禁，司空掌邦土也。」

〔一四〕師古曰：「言百者，舉大數也。分音扶問反。」

〔一五〕應劭曰：「師，訓也。傅，覆也。保，養也。」師古曰：「傅，相也。」

〔一六〕師古曰：「不必備員，有德者乃處之。」

〔一七〕張晏曰：「五帝自以德不及三皇，故自去其皇號。三王又以德不及五帝，自損稱王。秦自以德褒二行，故兼稱之。」

〔一八〕師古曰：「革，改也。」

〔一九〕師古曰：「分音扶問反。」

〔二〇〕師古曰：「論語稱孔子曰『溫故而知新，可以爲師矣』。溫猶厚也，言厚蓄故事，多識於新，則可爲師。」

相國、丞相，〔一〕皆秦官，金印紫綬，掌丞天子助理萬機。秦有左右，〔二〕高帝即位，置一丞相，十一年更名相國，綠綬。孝惠、高后置左右丞相，文帝二年復置一丞相。有兩長史，秩千石。哀帝元壽二年更名大司徒。武帝元狩五年初置司直，秩比二千石，掌佐丞相舉不法。

〔一〕應劭曰：「丞者，承也。相者，助也。」

〔二〕荀悅曰：「秦本次國，命卿二人，是以置左右丞相，無三公官。」

太尉，秦官，〔一〕金印紫綬，掌武事。武帝建元二年省。元狩四年初置大司馬，〔二〕以冠將軍之號。〔三〕宣帝地節三年置大司馬，不冠將軍，亦無印綬官屬。成帝綏和元年初賜大司馬金印紫綬，置官屬，祿比丞相，去將軍。哀帝建平二年復去大司馬印綬、官屬，冠將軍如故。元壽二年復賜大司馬印綬，置官屬，去將軍，位在司徒上。有長史，秩千石。

〔一〕應劭曰：「自上安下曰尉，武官悉以爲稱。」

〔二〕應劭曰：「司馬，主武也，諸武官亦以爲號。」

〔三〕師古曰：「冠者，加於其上共爲一官也。」

御史大夫，秦官，〔一〕位上卿，銀印青綬，掌副丞相。有兩丞，秩千石。一曰中丞，在殿中蘭臺，掌圖籍祕書，外督部刺史，內領侍御史員十五人，受公卿奏事，舉劾按章。成帝綏和元年更名大司空，金印紫綬，祿比丞相，置長史如中丞，官職如故。哀帝建平二年復爲御史大夫，元壽二年復爲大司空，御史中丞更名御史長史。侍御史有繡衣直指，〔二〕出討姦猾，治大獄，武帝所制，不常置。

〔一〕應劭曰：「侍御史之率，故稱大夫云。」臣瓚曰：「茂陵書御史大夫秩中二千石。」

〔二〕服虔曰：「指事而行，無阿私也。」師古曰：「衣以繡者，尊寵之也。」

太傅，古官，高后元年初置，金印紫綬。後省，八年復置。後省，哀帝元壽二年復置。位在三公上。

太師、太保，皆古官，平帝元始元年皆初置，金印紫綬。太師位在太傅上，太保次太傅。

前後左右將軍，皆周末官，秦因之，位上卿，金印紫綬。漢不常置，或有前後，或有左右，皆掌兵及四夷。有長史，秩千石。

奉常，秦官，掌宗廟禮儀，有丞。景帝中六年更名太常。〔一〕屬官有太樂、太祝、太宰、太史、太卜、太醫六令丞，又均官、都水兩長丞，〔二〕又諸廟寢園食官令長丞，有廱太宰、太祝令丞，〔三〕五畤各一尉。又博士及諸陵縣皆屬焉。景帝中六年更名太祝爲祠祀，武帝太初元年更曰廟祀，初置太卜。博士，秦官，掌通古今，秩比六百石，員多至數十人。武帝建元五年初置五經博士，宣帝黃龍元年稍增員十二人。元帝永光元年分諸陵邑屬三輔。王莽改太常曰秩宗。

〔一〕應劭曰：「常，典也，掌典三禮也。」師古曰：「太常，王者旌旗也，畫日月焉，王有大事則建以行，禮官主奉持之，故曰奉常也。後改曰太常，尊大之(儀)〔義〕也。」

〔二〕服虔曰：「均官，主山陵上槀輸入之官也。」如淳曰：「律，都水治渠隄水門。三輔黃圖云三輔皆有都水也。」

〔三〕文穎曰：「廱，主熟食官。」如淳曰：「五時在廱，故特置太宰以下諸官。」師古曰：「如說是也。雍，右扶風之縣也。太宰即是具食之官，不當復置饔人也。」

郎中令，秦官，〔一〕掌宮殿掖門戶，有丞。武帝太初元年更名光祿勳。〔二〕屬官有大夫、郎、謁者，皆秦官。又期門、羽林皆屬焉。〔三〕大夫掌論議，有太中大夫、中大夫、諫大夫，皆無員，多至數十人。武帝元狩五年初置諫大夫，秩比八百石，太初元年更名中大夫爲光祿大夫，秩比二千石，太中大夫秩比千石如故。郎掌守門戶，出充車騎，有議郎、中郎、侍郎、郎中，皆無員，多至千人。議郎、中郎秩比六百石，侍郎比四百石，郎中比三百石。中郎有五官、左、右三將，秩皆比二千石。郎中有車、戶、騎三將，〔四〕秩皆比千石。謁者掌賓讚受事，員七十人，秩比六百石，有僕射，〔五〕秩比千石。期門掌執兵送從，武帝建元三年初置，比郎，無員，多至千人，有僕射，秩比千石。平帝元始元年更名虎賁郎，〔六〕置中郎將，秩比二千石。羽林掌送從，次期門，武帝太初元年初置，名曰建章營騎，後更名羽林騎。又取從軍死事之子孫養羽林，官教以五兵，號曰羽林孤兒。〔七〕羽林有令丞。宣帝令中郎將、騎都尉監羽林，秩比二千石。僕射，秦官，自侍中、尚書、博士、郎皆有。古者重武官，有主射以督課之，軍屯吏、騶、宰、永巷宮人皆有，取其領事之號。〔八〕

〔一〕臣瓚曰：「主郎內諸官，故曰郎中令。」

〔二〕應劭曰：「光者，明也。祿者，爵也。勳，功也。」如淳曰：「胡公曰勳之言閽也。閽者，古主門官也。光祿主宮門。」師古曰：「應說是也。」

〔三〕服虔曰：「與期門下以微行，後遂以名官。」師古曰：「羽林，亦宿衞之官，言其如羽之疾，如林之多也。一說羽所以為王者羽翼也。」

〔四〕如淳曰：「主車曰車郎，主戶衞曰戶郎。漢儀注郎中令主郎中，左右車將主左右車郎，左右戶將主左右戶郎也。」

〔五〕應劭曰：「謁，請也，白也。僕，主也。」

〔六〕師古曰：「賁讀與奔同，言如猛獸之奔。」

〔七〕師古曰：「五兵謂弓矢、殳、矛、戈、戟也。」

〔八〕孟康曰：「皆有僕射，隨所領之事以為號也。若軍屯吏則曰軍屯僕射，永巷則曰永巷僕射。」

衞尉，秦官，掌宮門衞屯兵，〔一〕有丞。景帝初更名中大夫令，後元年復為衞尉。屬官有公車司馬、衞士、旅賁三令丞。〔二〕衞士三丞。又諸屯衞候、司馬二十二官皆屬焉。長樂、建章、甘泉衞尉皆掌其宮，〔三〕職略同，不常置。

〔一〕師古曰：「漢舊儀云衞尉寺在宮內。胡廣云主宮闕之門內衞士，於周垣下為區廬。區廬者，若今之仗宿屋矣。」

〔二〕師古曰：「漢官儀云公車司馬掌殿司馬門，夜徼宮中，天下上事及闕下凡所徵召皆總領之，令秩六百石。旅，衆也。賁與奔同，言爲奔走之任也。」

〔三〕師古曰：「各隨所掌之宮以名官。」

太僕，秦官，〔一〕掌輿馬，有兩丞。屬官有大廄、未央、家馬三令，各五丞一尉。〔二〕又車府、路軨、騎馬、駿馬四令丞；〔三〕又龍馬、閑駒、橐泉、騊駼、承華五監長丞；〔四〕又邊郡六牧師苑令，各三丞；〔五〕又牧橐、昆蹏令丞〔六〕皆屬焉。中太僕掌皇太后輿馬，不常置也。武帝太初元年更名家馬爲挏馬，〔七〕初置路軨。

〔一〕應劭曰：「周穆王所置也，蓋大御衆僕之長，中大夫也。」

〔二〕師古曰：「家馬者，主供天子私用，非大祀戎事軍國所須，故謂之家馬也。」

〔三〕伏儼曰：「主乘輿路車，又主凡小車。軨，今之小馬車曲輿也。」師古曰：「軨音零。」

〔四〕如淳曰：「橐泉廄在橐泉宮下。騊駼，野馬也。」師古曰：「閑，闌，養馬之所也，故曰閑駒。騊駼出北海中，其狀如馬，非野馬也。騊音徒高反。駼音塗。」

〔五〕師古曰：「漢官儀云牧師諸苑三十六所，分置北邊、西邊，分養馬三十萬頭。」

〔六〕應劭曰：「橐，橐佗。昆蹏，好馬名也。蹏音啼。」如淳曰：「爾雅曰『昆蹏研，善升甗』者也，因以爲廄名。」師古曰：「牧橐，言牧養橐佗也。昆，獸名也。蹏研者，謂其蹏下平也。善升甗者，謂山形如甑，而能升之也。蹏即古蹄字耳。研音五見反。甗音言，又音牛偃反。」

〔七〕應劭曰：「主乳馬，取其汁挏治之，味酢可飲，因以名官也。」如淳曰：「主乳馬，以韋革爲夾兜，受數斗，盛馬乳，挏取其上（把）〔肥〕，因名曰挏馬。禮樂志丞相孔光奏省樂官七十二人，給大官挏馬酒。今梁州亦名馬酪爲馬酒。」晉灼曰：「挏音挺挏之挏。」師古曰：「晉音是也。挏音徒孔反。」

廷尉，秦官，〔一〕掌刑辟，有正、左右監，秩皆千石。景帝中六年更名大理，武帝建元四年復爲廷尉。宣帝地節三年初置左右平，秩皆六百石。哀帝元壽二年復爲大理。王莽改曰作士。

〔一〕應劭曰：「聽獄必質諸朝廷，與衆共之，兵獄同制，故稱廷尉。」師古曰：「廷，平也。治獄貴平，故以爲號。」

典客，秦官，掌諸歸義蠻夷，有丞。景帝中六年更名大行令，武帝太初元年更名大鴻臚。〔一〕屬官有行人、譯官、別火三令丞〔二〕及郡邸長丞。〔三〕武帝太初元年更名行人爲大行令，初置別火。王莽改大鴻臚曰典樂。初，置郡國邸屬少府，中屬中尉，後屬大鴻臚。

〔一〕應劭曰：「郊廟行禮讚九賓，鴻聲臚傳之也。」

〔二〕如淳曰：「漢儀注別火，獄令官，主治改火之事。」

〔三〕師古曰：「主諸郡之邸在京師者也。」

宗正，秦官，〔一〕掌親屬，有丞。平帝元始四年更名宗伯。屬官有都司空令丞，〔二〕內官長丞。〔三〕又諸公主家令、門尉皆屬焉。王莽并其官於秩宗。初，內官屬少府，中屬主爵，後屬宗正。

〔一〕應劭曰：「周成王之時彤伯入爲宗正也。」師古曰：「彤伯爲宗伯，不謂之宗正。」

〔二〕如淳曰：「律，司空主水及罪人。賈誼曰『輸之司空，編之徒官』。」

〔三〕師古曰：「律曆志主分寸尺丈也。」

治粟內史，秦官，掌穀貨，有兩丞。景帝後元年更名大農令，武帝太初元年更名大司農。屬官有太倉、均輸、平準、都內、籍田五令丞，〔一〕斡官、鐵市兩長丞。〔二〕又郡國諸倉農監、都水六十五官長丞皆屬焉。騪粟都尉，〔三〕武帝軍官，不常置。王莽改大司農曰羲和，後更爲納言。初，斡官屬少府，中屬主爵，後屬大司農。

〔一〕孟康曰：「均輸，謂諸當所有輸於官者，皆令輸其地土所饒，平其所在時賈，官更於佗處賣之，輸者既便，而官有利也。」

〔二〕如淳曰：「斡音筦，或作幹。斡，主也，主均輸之事，所謂斡鹽鐵而榷酒酤也。」晉灼曰：「此竹箭幹之官長也。均輸自有令。」師古曰：「如說近是也。縱作幹讀，當以幹持財貨之事耳，非謂箭幹也。」

〔三〕服虔曰：「騪音搜狩之搜。搜，索也。」

少府，秦官，掌山海池澤之稅，以給共養，〔一〕有六丞。屬官有尚書、符節、太醫、太官、湯官、導官、樂府、若盧、考工室、左弋、居室、甘泉居室、左右司空、東織、西織、東園匠十(二)〔六〕官令丞，〔二〕又胞人、都水、均官三長丞，〔三〕又上林中十池監，〔四〕又中書謁者、黃門、鉤盾、尚方、御府、永巷、內者、宦者(七)〔八〕官令丞。〔五〕諸僕射、署長、中黃門皆屬焉。〔六〕武帝太初元年更名考工室爲考工，左弋爲佽飛，居室爲保宮，甘泉居室爲昆臺，永巷爲掖廷。佽飛掌弋射，有九丞兩尉，太官七丞，昆臺五丞，樂府三丞，掖廷八丞，宦者七丞，鉤盾五丞兩尉。成帝建始四年更名中書謁者令爲中謁者令，初置尚書，員五人，有四丞。河平元年省東織，更名西織爲織室。綏和二年，哀帝省樂府。王莽改少府曰共工。

〔一〕應劭曰：「名曰禁錢，以給私養，自別爲藏。少者，小也，故稱少府。」師古曰：「大司農供軍國之用，少府以養天子也。〔供〕〔共〕音居用反。養音弋亮反。」

〔二〕服虔曰：「若盧，詔獄也。」鄧展曰：「舊洛陽兩獄，一名若盧，主受親戚婦女。」如淳曰：「若盧，官名也，藏兵器。品令曰若盧郎中二十人，主弩射。漢儀注有若盧獄令，主治庫兵將相大臣。」臣瓚曰：「冬官爲考工，主作器械也。」師古曰：「太官主膳食，湯官主餅餌，導官主擇米。若盧，如說是也。左弋，地名。東園匠，主作陵內器物者也。」

〔三〕師古曰：「胞人，主掌宰割者也。胞與庖同。」

〔四〕師古曰：「三輔黃圖云上林中池上籞五所，而此云十池監，未詳其數。」

〔五〕師古曰：「鉤盾主近苑囿，尚方主作禁器物，御府主天子衣服也。」

〔六〕師古曰：「中黃門，奄人居禁中在黃門之內給事者也。」

中尉，秦官，掌徼循京師，〔一〕有兩丞、候、司馬、千人。〔二〕武帝太初元年更名執金吾。〔三〕屬官有中壘、寺互、武庫、都船四令丞。〔四〕都船、武庫有三丞，中壘兩尉。又式道左右中候、候丞及左右京輔都尉、尉丞兵卒皆屬焉。〔五〕初，寺互屬少府，中屬主爵，後屬中尉。

〔一〕如淳曰：「所謂遊徼，徼循禁備盜賊也。」師古曰：「徼謂遮繞也。徼音工釣反。」

〔二〕師古曰：「候及司馬及千人皆官名也。屬國都尉云有丞、候、千人。西域都護云司馬、候、千人各二人。凡此千人，皆官名也。」

〔三〕應劭曰：「吾者，禦也，掌執金革以禦非常。」師古曰：「金吾，鳥名也，主辟不祥。天子出行，職主先導，以禦非常，故執此鳥之象，因以名官。」

〔四〕如淳曰：「漢儀注有寺互。都船獄令，治水官也。」

〔五〕應劭曰：「式道凡三候，車駕出還，式道候持麾至宮門，門乃開。」師古曰：「式，表也。」

自太常至執金吾，秩皆中二千石，丞皆千石。

太子太傅、少傅，古官。屬官有太子門大夫、〔一〕庶子、〔二〕先馬、〔三〕舍人。

〔一〕應劭曰：「員五人，秩六百石。」

〔二〕應劭曰：「員五人，秩六百石。」

〔三〕張晏曰：「先馬，員十六人，秩比謁者。」如淳曰：「前驅也。國語曰句踐親為夫差先馬。先或作洗也。」

將作少府，秦官，掌治宮室，有兩丞、左右中候。景帝中六年更名將作大匠。屬官有石庫、東園主章、左右前後中校七令丞，〔一〕又主章長丞。〔二〕武帝太初元年更名東園主章為木工。成帝陽朔三年省中候及左右前後中校五丞。

〔一〕如淳曰：「章謂大材也。舊將作大匠主材吏名章曹掾。」師古曰：「今所謂木鍾者，蓋章聲之轉耳。東園主章掌大材，以供東園大匠也。」

〔二〕師古曰：「掌凡大木也。」

詹事，秦官，〔一〕掌皇后、太子家，有丞。〔二〕屬官有太子率更、家令丞，僕、中盾、衞率、廚廄長丞，〔三〕又中長秋、私府、永巷、倉、廄、祠祀、食官令長丞。諸宦官皆屬焉。〔四〕成帝鴻嘉三年省詹事官，并屬大長秋。〔五〕長信詹事掌皇太后宮，景帝中六年更名長信少府，〔六〕平帝元始四年更名長樂少府。

〔一〕應劭曰：「詹，省也，給也。」臣瓚曰：「茂陵書詹事秩眞二千石。」

〔二〕師古曰：「皇后、太子各置詹事，隨其所在以名官。」

〔三〕張晏曰：「太子稱家，故曰家令。」臣瓚曰：「茂陵中書太子家令秩八百石。」應劭曰：「中盾主周衞徼道，秩四百石。」如淳曰：「漢儀注衞率主門衞，秩千石。」師古曰：「掌知漏刻，故曰率更。自此以上，太子之官也。更音工衡反。」

〔四〕師古曰：「自此以上，皆皇后之官。」

〔五〕師古曰：「省皇后詹事，總屬長秋也。」

〔六〕張晏曰：「以太后所居宮爲名也。居長信宮則曰長信少府，居長樂宮則曰長樂少府也。」

將行，秦官，〔一〕景帝中六年更名大長秋，〔二〕或用中人，或用士人。〔三〕

〔一〕應劭曰：「皇后卿也。」

〔二〕師古曰：「秋者收成之時，長者恆久之義，故以爲皇后官名。」

〔三〕師古曰：「中人，奄人也。」

典屬國，秦官，掌蠻夷降者。武帝元狩三年昆邪王降，〔一〕復增屬國，置都尉、丞、候、千人。屬官，九譯令。成帝河平元年省幷大鴻臚。

〔一〕師古曰：「昆音下門反。」

水衡都尉，〔一〕武帝元鼎二年初置，掌上林苑，有五丞。屬官有上林、均輸、御羞、禁圃、輯濯、鍾官、技巧、六廄、辯銅九官令丞。〔二〕又衡官、水司空、都水、農倉，又甘泉上林、都水七官長丞皆屬焉。上林有八丞十二尉，均輸四丞，御羞兩丞，都水三丞，禁圃兩尉，甘泉上林四丞。成帝建始二年省技巧、六廄官。王莽改水衡都尉曰予虞。初，御羞、上林、衡官及鑄錢皆屬少府。

〔一〕應劭曰：「古山林之官曰衡。掌諸池苑，故稱水衡。」張晏曰：「主都水及上林苑，故曰水衡。主諸官，故曰都。有卒徒武事，故曰尉。」師古曰：「衡，平也，主平其稅入。」

〔二〕如淳曰：「御羞，地名也，在藍田，其土肥沃，多出御物可進者，揚雄傳謂之御宿。三輔黃圖御羞、宜春皆苑名也。輯濯，船官也。鍾官，主鑄錢官也。辯銅，主分別銅之種類也。」師古曰：「御宿，則今長安城南御宿川也，不在藍田。羞、宿聲相近，故或云御羞，或云御宿耳。羞者，珍羞所出；宿者，止宿之義。輯讀與楫同，音集；濯音直孝反：皆所以行船也。漢舊儀云天子六廄，未央、承華、騊駼、騎馬、輅軨、大廄也，馬皆萬匹。據此表，大僕屬官以有大廄、未央、輅軨、騎馬、騊駼、承華，而水衡又云六廄技巧官，是則技巧之徒供六廄者，其官別屬水衡也。」

內史，周官，秦因之，掌治京師。景帝二年分置左（右）內史。〔一〕右內史武帝太初元年更名京兆尹，〔二〕屬官有長安市、廚兩令丞，又都水、鐵官兩長丞。左內史更名左馮翊，〔三〕屬官有廩犧令丞尉。〔四〕又左都水、鐵官、雲壘、長安四市四長丞皆屬焉。

〔一〕師古曰：「地理志云武帝建元六年置左右內史，而此表云景帝二年分置，表志不同。又據史記，知志誤矣。」

〔二〕張晏曰：「地絕高曰京。左傳曰『莫之與京』。十億曰兆。尹，正也。」師古曰：「京，大也。兆者，衆數。言大衆所在，故云京兆也。」

〔三〕張晏曰：「馮，輔也。翊，佐也。」

〔四〕師古曰：「廩主藏穀，犧主養牲，皆所以供祭祀也。」

主爵中尉，秦官，掌列侯。景帝中六年更名都尉，武帝太初元年更名右扶風，〔一〕治內史右地。屬官有掌畜令丞。〔二〕又（有）〔右〕都水、鐵官、廄、廱廚四長丞皆屬焉。〔三〕與左馮翊、京兆尹是爲三輔，〔四〕皆有兩丞。列侯更屬大鴻臚。元鼎四年更置（二）〔三〕輔都尉、都尉丞各一人。

〔一〕張晏曰：「扶，助也。風，化也。」

〔二〕如淳曰：「尹翁歸傳曰『豪強有論罪，輸掌畜官，使斫莝』。東方朔曰『益爲右扶風』，畜牧之所在也。」

〔三〕如淳曰：「五時在鄜，故有廚。」

〔四〕服虔曰：「皆治在長安城中。」師古曰：「三輔黃圖云京兆在尚冠前街東入，故中尉府，馮翊在太上皇廟西入，右扶風在夕陰街北入，故主爵府。長安以東爲京兆，長陵以北爲左馮翊，渭城以西爲右扶風也。」

自太子太傅至右扶風，皆秩二千石，丞六百石。

護軍都尉，秦官，武帝元狩四年屬大司馬，成帝綏和元年居大司馬府比司直，哀帝元壽元年更名司寇，平帝元始元年更名護軍。

司隸校尉，周官，〔一〕武帝征和四年初置。持節，從中都官徒千二百人，〔二〕捕巫蠱，督大姦猾。〔三〕後罷其兵。察三輔、三河、弘農。元帝初元四年去節。成帝元延四年省。綏和二年，哀帝復置，但爲司隸，冠進賢冠，屬大司空，比司直。

〔一〕師古曰：「以掌徒隸而巡察，故云司隸。」

〔二〕師古曰：「中都官，京師諸官府也。」

〔三〕師古曰：「督謂察視也。」

城門校尉掌京師城門屯兵，有司馬、〔一〕十二城門候。〔二〕中壘校尉掌北軍壘門內，外掌西域。〔三〕屯騎校尉掌騎士。步兵校尉掌上林苑門屯兵。越騎校尉掌越騎。〔四〕長水校尉掌長水宣曲胡騎。〔五〕又有胡騎校尉，掌池陽胡騎，不常置。〔六〕射聲校尉掌待詔射聲士。〔七〕虎賁校尉掌輕車。凡八校尉，皆武帝初置，有丞、司馬。〔八〕自司隸至虎賁校尉，秩皆二千石。西域都護加官，宣帝地節二年初置，以騎都尉、諫大夫使護西域三十六國，有副校尉，秩比二千石，丞一人，司馬、候、千人各二人。戊己校尉，元帝初元元年置，〔九〕有丞、司馬各一人，候五人，秩比六百石。

〔一〕師古曰：「八屯各有司馬也。」

〔二〕師古曰：「門各有候，蕭望之署小苑東門候，亦其比也。」

〔三〕師古曰：「掌北軍壘門之內，而又外掌西域。」

〔四〕如淳曰：「越人內附，以爲騎也。」晉灼曰：「取其材力超越也。」師古曰：「宣紀言佽飛射士、胡越騎，又此有胡騎校尉。如說是。」

〔五〕師古曰：「長水，胡名也。宣曲，觀名，胡騎之屯於宣曲者。」

〔六〕師古曰：「胡騎之屯池陽者也。」

〔七〕服虔曰：「工射者也。冥冥中聞聲則中之，因以名也。」應劭曰：「須詔所命而射，故曰待詔射也。」

〔八〕師古曰：「自中壘以下凡八校尉。城門不在此數中。」

〔九〕師古曰：「甲乙丙丁庚辛壬癸皆有正位，唯戊己寄治耳。今所置校尉亦無常居，故取戊己爲名也。有戊校尉，有己校尉。一說戊己居中，鎭覆四方，今所置校尉亦處西域之中撫諸國也。」

奉車都尉掌御乘輿車，駙馬都尉掌駙馬，〔一〕皆武帝初置，秩比二千石。侍中、左右曹諸吏、散騎、中常侍，皆加官，〔二〕所加或列侯、將軍、卿大夫、將、都尉、尚書、太醫、太官令至郎中，亡員，〔三〕多至數十人。侍中、中常侍得入禁中，諸曹受尚書事，諸吏得舉法，散騎騎並乘輿車。〔四〕給事中亦加官，〔五〕所加或大夫、博士、議郎，掌顧問應對，位次中常侍。中黃門有給事黃門，位從將大夫。皆秦制。

〔一〕師古曰：「駙，副馬也。非正駕車，皆為副馬。一曰駙，近也，疾也。」

〔二〕應劭曰：「入侍天子，故曰侍中。」晉灼曰：「漢儀注諸吏、給事中日上朝謁，平尚書奏事，分為左右曹。魏文帝合散騎、中常侍為散騎常侍也。」

〔三〕如淳曰：「將謂郎將以下也。自列侯下至郎中，皆得有散騎及中常侍加官。是時散騎及常侍各自一官，亡員也。」

〔四〕師古曰：「並音步浪反。騎而散從，無常職也。」

〔五〕師古曰：「漢官解詁云掌侍從左右，無員，常侍中。」

爵：一級曰公士，〔一〕二上造，〔二〕三簪裊，〔三〕四不更，〔四〕五大夫，〔五〕六官大夫，七公大夫，〔六〕八公乘，〔七〕九五大夫，〔八〕十左庶長，〔九〕十一右庶長，十二左更，十三中更，十四右更，〔一〇〕十五少上造，十六大上造，〔一一〕十七駟車庶長，〔一二〕十八大庶長，〔一三〕十九關內侯，〔一四〕二十徹侯。〔一五〕皆秦制，以賞功勞。徹侯金印紫綬，避武帝諱，曰通侯，或曰列侯，改所食國令長名相，又有家丞、門大夫、庶子。

〔一〕師古曰：「言有爵命，異於士卒，故稱公士也。」

〔二〕師古曰：「造，成也，言有成命於上也。」

〔三〕師古曰：「以組帶馬曰褭。簪褭者，言飾此馬也。褭音乃了反。」

〔四〕師古曰：「言不豫更卒之事也。更音工衡反。」

〔五〕師古曰：「列位從大夫。」

〔六〕師古曰：「加官、公者，示稍尊也。」

〔七〕師古曰：「言其得乘公家之車也。」

〔八〕師古曰：「大夫之尊也。」

〔九〕師古曰：「庶長，言爲衆列之長也。」

〔一〇〕師古曰：「更言主領更卒，部其役使也。更音工衡反。」

〔一一〕師古曰：「言皆主上造之士也。」

〔一二〕師古曰：「言乘駟馬之車而爲衆長也。」

〔一三〕師古曰：「又更尊也。」

〔一四〕師古曰：「言有侯號而居京畿，無國邑。」

〔一五〕師古曰：「言其爵位上通於天子。」

諸侯王，高帝初置，〔一〕金璽盭綬，〔二〕掌治其國。有太傅輔王，內史治國民，中尉掌武職，丞相統衆官，羣卿大夫都官如漢朝。景帝中五年令諸侯王不得復治國，天子爲置吏，改丞相曰相，省御史大夫、廷尉、少府、宗正、博士官，大夫、謁者、郎諸官長丞皆損其員。武帝改漢內史爲京兆尹，中尉爲執金吾，郎中令爲光祿勳，故王國如故。損其郎中令，秩千石；改太僕曰僕，秩亦千石。成帝綏和元年省內史，更令相治民，如郡太守，中尉如郡都尉。

〔一〕師古曰：「蔡邕云漢制皇子封爲王，其實諸侯也。周末諸侯或稱王，漢天子自以皇帝爲稱，故以王號加之，總名諸侯王也。」

〔二〕如淳曰：「盭音戾。盭，綠也，以綠爲質。」晉灼曰：「盭，草名也，出琅邪平昌縣，似艾，可染綠，因以爲綬名也。」師古曰：「晉說是也。璽之言信也。古者印璽通名，今則尊卑有別。漢舊儀云諸侯王黃金璽，橐佗鈕，文曰璽，謂刻云某王之璽。」

監御史，秦官，掌監郡。漢省，丞相遣史分刺州，不常置。武帝元封五年初置部刺史，掌奉詔條察州，〔一〕秩六百石，員十三人。成帝綏和元年更名牧，秩二千石。哀帝建平二年復爲刺史，元壽二年復爲牧。

〔一〕師古曰：「漢官典職儀云刺史班宣，周行郡國，省察治狀，黜陟能否，斷治冤獄，以六條問事，非條所問，即不省。一條，强宗豪右田宅踰制，以强淩弱，以衆暴寡。二條，二千石不奉詔書遵承典制，倍公向私，旁詔守利，侵漁百姓，聚斂爲姦。三條，二千石不卹疑獄，風厲殺人，怒則任刑，喜則淫賞，煩擾刻暴，剝截黎元，爲百姓所疾，山崩石裂，祆祥訛言。四條，二千石選署不平，苟阿所愛，蔽賢寵頑。五條，二千石子弟恃怙榮勢，請託所監。六條，二千〔石〕違公下比，阿附豪强，通行貨賂，割損正令也。」

郡守，秦官，掌治其郡，秩二千石。有丞，邊郡又有長史，掌兵馬，秩皆六百石。景帝中二年更名太守。

郡尉，秦官，掌佐守典武職甲卒，秩比二千石。有丞，秩皆六百石。景帝中二年更名都尉。

關都尉，秦官。農都尉、屬國都尉，皆武帝初置。

縣令、長，皆秦官，掌治其縣。萬戶以上爲令，秩千石至六百石。減萬戶爲長，秩五百石至三百石。皆有丞、尉，秩四百石至二百石，是爲長吏。〔一〕百石以下有斗食、佐史之秩，〔二〕是爲少吏。大率十里一亭，亭有長。十亭一鄉，鄉有三老、有秩、嗇夫、游徼。三老掌教化。嗇夫職聽訟，收賦稅。游徼徼循禁賊盜。縣大率方百里，其民稠則減，稀則曠，鄉、亭亦如之，皆秦制也。列侯所食縣曰國，皇太后、皇后、公主所食曰邑，有蠻夷曰道。凡縣、道、國、邑千五百八十七，鄉六千六百二十二，亭二萬九千六百三十五。

〔一〕師古曰：「吏，理也，主理其縣內也。」

〔二〕師古曰：「漢官名秩簿云斗食月奉十一斛，佐史月奉八斛也。一說，斗食者，歲奉不滿百石，計日而食一斗二升，故云斗食也。」

凡吏秩比二千石以上，皆銀印青綬，〔一〕光祿大夫無。〔二〕秩比六百石以上，皆銅印黑綬，大夫、博士、御史、謁者、郎無。〔三〕其僕射、御史治書尚符璽者，有印綬。比二百石以上，皆銅印黃綬。〔四〕成帝陽朔二年除八百石、五百石秩。綏和元年，長、相皆黑綬。哀帝建平二年，復黃綬。吏員自佐史至丞相，十二萬二百八十五人。

〔一〕師古曰：「漢舊儀云銀印背龜鈕，其文曰章，謂刻曰某官之章也。」

〔二〕師古曰：「無印綬。」

〔三〕師古曰：「大夫以下亦無印綬。」

〔四〕師古曰：「漢舊儀云六百石、四百石至二百石以上皆銅印鼻鈕，文曰印。謂鈕但作鼻，不為蟲獸之形，而刻文云某官之印。」

校勘記

七三二頁七行　（皇）〔黃〕帝　景祐、殿、局本都作「黃」。王先謙說作「黃」是。

七二六頁一三行　博士，秦官，　此處本提行，景祐、汲古、局本並同，惟殿本連上。王先謙說博士屬太常，不提行是。

七二七頁二行　尊大之(儀)〔義〕也。　景祐、殿本都作「義」。王先謙說作「義」是。

七二七頁七行　大夫掌論議，　此處本提行，汲古本同，景祐、殿、局本連上。王先謙說此郎中令屬官，不提行是。

七二八頁一行　僕射，秦官，　此處本提行，而景祐、殿本連上。王先謙說不提行是。

七三〇頁二行　挏取其上(把)〔肥〕，　景祐、殿本都作「肥」。王先謙說作「肥」是。

七三一頁一四行　十(二)〔六〕官令丞，　錢大昭說「十二」疑是「十六」。按殿本作「十六」。王先謙說作「十六」是。

七三一頁一六行　(七)〔八〕官令丞。　殿本「七」作「八」。王先謙說作「八」是。

七三二頁六行　(供)〔共〕音居用反。　景祐、殿本都作「共」。王先謙說作「共」是。

七三六頁三行　分置左〔右〕內史。　王念孫說脫「右」字，下文「右內史」、「左內史」皆承此句言之。

七三六頁三行　又(有)〔右〕都水、　劉攽說「有」當作「右」。上云「左都水」，此云「右都水」。

七三六頁一三行　更置(二)〔三〕輔都尉、　錢大昭說「二」當作「三」。按景祐、殿本都作「三」。

七四二頁一五行　二千〔石〕遷公下比　「石」字據景祐、殿、局本補。

漢書卷十九下

百官公卿表第七下

師古曰：「此表中記公卿姓名不具及但舉其官而無名或言若干年不載遷免死者，皆史之闕文，不可得知。」

	相國													左內史
	丞相	太尉	御史大夫	列將軍	奉常	郎中令	衞尉	太僕	廷尉	典客	宗正		水衡都尉	
	大司徒									大行令	治粟內史	中尉執金吾		左馮翊
	太師	大司馬	大司空		太常	光祿勳	中大夫令		大理	大鴻臚	大司農	少府	主爵都尉	右內史
	太傅												右扶風	京兆尹

	公元前206	205	204	203
	高帝元年	二	三	四
太保	沛相蕭何為丞相。			
	內史周苛為御史大夫守滎陽，三年死。			中尉周昌為御史大夫，六年徙
	滕令夏侯嬰為太僕。			
	執盾襄為治粟內史。			
	職志周昌為中尉，三年遷。師古曰：「志音式異反。」			
	內史周苛遷。			

200	201	202	
七	六	五	
		太尉盧綰，後九月爲燕王。	
			爲趙丞相。
博士叔孫通爲			
		郎中令王恬啓。	
	將軍酈商爲衛尉。		
	汲侯公上不害爲太僕。		
		廷尉義渠。	
		廣平侯薛歐爲典客。師古曰：「歐音一后反。」	
		軍正陽咸延爲少府，二十一年卒。中尉丙猜。	
		般內史杜恬。	

	199	198	197
	八	九	十
		丞相何還為相國。	
			符璽御史趙堯為御史大夫，十年免。
奉常，三年徙為太子太傅。			
			中地守宣義為廷尉。

196	195	194	193
十一	十二	孝惠元年	二
			七月辛未，相國
絳侯周勃爲太尉，後官省。			
	太子太傅叔孫通復爲奉常。		
衞尉王氏。		營陵侯劉澤爲衞尉。	
	廷尉育。		
中尉戚鰓。師古曰：「鰓音先才反。」			

	192 三	191 四	190 五
何薨。七月癸巳，齊相曹參爲相國。			八月己丑，相國參薨。
	長修侯杜恬爲廷尉。		

六	七
十月己丑，安國侯王陵爲右丞相，曲逆侯陳平爲左丞相。	
絳侯周勃復爲太尉，（十年）遷。	
	奉常免。師古曰：「名免也。」
土軍侯宣義爲廷尉。	
	辟陽侯審食其爲典客，一年遷。

高后元年

十一月甲子，右丞相陵爲太傅，左丞相平爲右丞相，典客審食其爲左丞相。

上黨守任敖爲御史大夫，三年免。

186 二	185 三	184 四	183 五
		平陽侯曹(窟)〔窋〕爲御史大夫，五年免。	
上邳侯劉郢客爲宗正，七年爲楚王。			

182	181	180	179
六	七	八	孝文元年
	七月辛巳，左丞相食其爲太傅。	九月丙戌，復爲丞相，後九月免。	十月辛亥，
			十月辛亥，
		淮南丞相張蒼爲御史大夫，四年遷。	
			太中大夫
	奉常根。		
			郎中令張
	廷尉圍。		河南守吳公爲
	典客劉揭。		

	二
右丞相平為左丞相，太尉周勃為右丞相，八月辛未免。	十月，丞相平薨。十一
將軍灌嬰為太尉，二年遷，官省。	
薄昭為車騎將軍。代中尉宋昌為衛將軍。	
	奉常饒。
武。	
	衛尉足。
廷尉。	

	177	176
	三	四
月乙亥，絳侯勃復爲丞相。	十二月，丞相勃免。乙亥，太尉灌嬰爲丞相。	十二月乙
		御史大夫圍。
	中郎將張釋之爲廷尉。	
	典客馮敬，四年遷。	

	175	174	173
	五	六	七
已，丞相嬰薨。正月甲午，御史大夫張蒼爲丞相。			
			典客馮敬爲御史大夫。
			典客靚。師古曰：「靚與靜同。」

172 八	171 九	170 十	169 十一	168 十二	167 十三	166 十四	165 十五
				奉常昌閭。			
太僕嬰蕘。							
		廷尉昌。廷尉嘉。					廷尉宜昌。
						中尉周舍。	
						內史董赤。	

164	163	162
十六	後元年	二
		八月戊戌，丞相(倉)[蒼]免。庚午，御史大夫申
淮陽守申屠嘉爲御史大夫，二年遷。		八月庚午，開封侯陶青爲御史大夫，七年遷。
	廷尉信。	

	161 三	160 四	159 五	158 六	157 七	156 孝景元年
屠嘉為丞相。						
					奉常信。	
						太中大夫周仁為郎中令，十三年老。
						廷尉歐。師古曰：「歐讀與驅同。」
						平陸侯劉禮為宗正，二年為楚王。
						中尉嘉。
						中大夫鼂錯為左內史，一年遷。

二	
六月，丞相嘉薨。八月丁未，御史大夫陶青為丞相。	
八月丁巳，左內史朝錯為御史大夫。	
奉常斿。	
	病免，食二千石祿。

154	153	152
三	四	五
中尉周亞夫爲太尉，五年遷，官省。		
正月壬子，錯有罪要斬。	御史大夫介。	
故詹事竇嬰爲大將軍。		
故吳相袁盎爲奉常。〔奉常〕殷。	南皮侯竇彭祖爲奉常。	安丘侯張歐爲奉常。
		姚丘侯劉舍爲太僕。師古曰：「侯表及
廷尉勝。		
德侯劉通爲宗正，三年薨。		
河間大傅衞綰爲中尉，四年賜告，後爲太子太傅。		

149	150	151	
中元年	七	六	
	六月乙巳，丞相青免。太尉周亞夫為丞相。		
	太僕劉舍為御史大夫，三年遷。		
	鄗侯蕭勝為奉常。		
			諸傳皆云桃侯，獨此為姚丘，疑誤也。」
廷尉福。			
	濟南太守郅都為中尉，三年免。		

148 二	147 三	146 四	145 五
	九月戊戌，丞相亞夫免。御史大夫劉舍爲丞相。		
	太子太傅衞綰爲御史大夫，四年遷。		
	煮棗侯乘昌爲奉常。		軑侯吳利爲奉常。師古曰:
（中尉）			少府神。
			主爵都尉不疑。

143	144	
後元年	六	
七月丙午，丞相舍(死)〔免〕。八月壬辰，御史大夫		
八月壬辰，衞尉直不疑為御史大夫，三年(死)〔免〕。		
	奉常利更為太常。	「秩音大，又音第。」
郎中令賀。		
	中大夫令直不疑更為衞尉。	
	廷尉瑕更為大理。	
	濟南都尉甯成為中尉，四年遷。	

	142	141	140
	二	三	孝武建元元年
衞綰爲丞相。			六月，丞相綰免。(後)丙寅，魏其侯
			武安侯田蚡爲太尉。
			齊相牛抵爲御史大夫。師古曰：「抵音丁禮反。」
		柏至侯許昌爲太常，二年遷。	
			郎中令王臧，一年有罪自殺。
			淮南太守灌夫爲太僕，二年爲燕相。
			大行令光。
	大農令惠。		
	中尉廣意。		中尉張歐，九年遷。
	主爵都尉奴。		
			中尉甯成爲內史，下獄論。內史印。

	139	138
	二	三
竇嬰為丞相。	十月，丞相嬰免。三月乙未，太常許昌為丞相。	
	太尉蚡免，官省。	
	御史大夫趙綰，有罪自殺。	
	南陵侯趙周為太常，四年免。	
	郎中令石建，六年卒。	
	大理信。	
	大行令過期。	
		北地都尉韓安
	內史石慶。	內史石偏。

	137	136	135
	四	五	六
			六月癸巳，
	武強侯嚴青翟為御史大夫，二年，坐竇太后喪不辦免。		大農令韓安國
			太常定。
			太僕賀，三十三
	廷尉遷。廷尉建。	廷尉武。	廷尉殷。
		大行令王恢。	
國為大農令，三年遷。			大農令殷。
			東海太守汲黯
	江都相鄭當時為右內史，五年，貶為詹事。		

	134	133	132	131
	元光元年	二	三	四
丞相昌免。武安侯田蚡爲丞相。				三月乙卯，丞相
爲御史大夫，四年病免。				九月，中尉張歐爲御史
	太常王臧。			宣平侯張歐爲太常。
	隴西太守李廣爲衞尉。			
年（遷）。				
爲主爵都尉，十一年徙。				
		內史充。		

	五
蚡薨。五月丁巳，平棘侯薛澤爲丞相。	
大夫，五年老病免，食上大夫祿。	
師古曰：「歐音一后反。」	
	廷尉翟公。
	詹事鄭當時爲大農令，十一年免。
	故御史大夫韓安國爲中尉，一年遷。
	右內史番係。博士公孫弘爲左內史，四年遷。師古曰：「番音普安反。」

129	128	127
六	元朔元年	二
太常司馬當時。		蓼侯孔臧爲太常，三年坐南陵橋壞衣冠道絕免。
中尉韓安國爲(都)〔衛〕尉，二年爲將軍。		
大行令丘。		
中大夫趙禹爲中尉。		

126	125	124
三	四	五
		十一月乙丑，丞相澤免。御
左內史公孫弘為御史大夫，二年遷。		四月丁未，河東太守九江番係為御史
		山陽侯張當居為太常，坐選子弟不以
衞尉蘇建。		
中大夫張湯為廷尉，五年遷。		
	宗正劉棄。	
少府孟賁。中尉李息。	少府產。	中尉趙禹為少府。中尉殷容。
		主爵都尉李蔡。
左內史李沮，四年為將軍。師古曰：「沮音組。」	右內史賁。師古曰：「賁音奔。」	主爵都尉汲黯為右內史，五年免。

	123	122
	六	元狩元年
史大夫公孫弘為丞相。		
大夫。		樂安侯李蔡為御史大
賓免。	繩侯周平為太常，四年坐不繕園陵免。	
	右北平太守李廣為郎中令，五年免。	
		大行令李息。
		宗正劉受。
		中尉司馬安。
		會稽太守朱買臣為主
		左內史敞。

	121	120
	二	三
	三月戊寅，丞相弘薨。壬辰，御史大夫李蔡為丞相。	
夫，一年遷。		三月壬辰，廷尉張湯為
		冠軍侯霍去病
		衞尉張騫。
		廷尉李友。廷尉安。
		中尉霸。
爵都尉。		主爵都尉趙食其，二年

	四
	大將軍衛青爲大司馬大將軍。票騎將軍霍去病爲大司
御史大夫，六年有罪自殺。	
爲票騎將軍。	
	戚侯李信成爲太常，二年坐縱丞相李蔡侵道免。
廷尉禹。	
	沈猷侯劉受爲宗正，二年坐聽請不具宗室論。大農令顏
	河內太守王溫舒爲中尉，五年遷。
爲將軍。	中尉丞(陽)〔楊〕僕爲主爵都尉。
	定襄太守義縱爲右內史，二年下獄棄市。

五

三月甲午，丞相蔡有罪自殺。四月乙卯，太子少傅嚴青翟

馬票騎將軍。

郎中令李敢。

衛尉充國，三年坐齋不謹棄市。

廷尉司馬安。

異，二年坐腹非誅。

	117	116	115
	六	元鼎元年	二
爲丞相。			二月壬辰，丞相
	九月，大司馬去病薨。		
			二月辛亥，太子太傅石
	俞侯欒賁爲太常，坐犧牲不如令免。	蓋侯王信爲太常。	廣安侯任越人爲太常，
	郎中令徐自爲，十三年爲光祿勳。		
		廷尉霸。	
			中郎將張騫爲大行令，
	大農令正夫。		大農令孔僅。
			少府當，四年下獄死。
			水衡都尉張罷。
	右內史王鼂。	右內史蘇縱。	

	三
青翟有罪自殺。二月辛亥，太子太傅趙周爲丞相。	
慶爲御史大夫，三年遷。	
坐廟酒酸論。師古曰：「任敖傳及侯表皆云廣阿侯。今此爲廣安，此表誤。」	鄲侯周仲居爲太常，坐不收赤側錢收
	中尉王溫舒爲廷尉，一年復徙中尉。
三年卒。	
	關都尉尹齊爲中尉，一年抵罪。

	113	112
	四	五
		九月辛巳，丞相
行錢論。師古曰：「赤側當廢而不收，乃收見行之錢也。鄲音多。」	睢陵侯張廣國爲太常。	平曲侯周建德爲太常。
		衞尉路博德。
	故少府趙禹爲廷尉，四年以老貶爲燕相。	
	宗正劉安國。（爲）大農令客。	
	廷尉王溫舒爲中尉，二年免。	
	水衡都尉豹。	
	右內史李信成。中大夫兒寬爲左內史，三年遷。	

	六
周下獄死。丙申，御史大夫石慶爲丞相。	
	齊相卜式爲御史大夫，一年貶爲太子太傅。
陽平侯杜相爲太常，五年坐擅繇大樂令論。師古曰：「擅役使人也。」	
	大農令張成。
	少府豹爲中尉。

110	109	108
元封元年	二	三
左內史兒寬爲御史大夫，八年卒。		
	御史中丞杜周爲廷尉，十一年免。	
	故中尉王溫舒爲少府，三年徙。	
水衡都尉閻奉。		
御史中丞咸宣爲左內史，六年免。師古曰：「咸音減，省之減。」		

107	106	105
四	五	六
	大將軍青薨。	
鄡侯蕭壽成爲太常，坐犧牲不如令論。	成安侯韓延年爲太常，二年坐留外國使人入粟贖論。	
		少府德有罪自殺。右輔
水衡都尉德遷。		
少府王溫舒爲右內史，二年免。		

	104	103
	太初元年	二
		正月戊寅，丞相慶薨。
	睢陵侯張昌為太常，二年坐乏祠論。	
	郎中令自為更為光祿勳。	
		侍中公孫敬聲為太僕，十二年
	大鴻臚壺充國。	大鴻臚商丘成，十二年遷。
都尉王溫舒行中尉事，二年獄族。	中尉。	少府王偉。（中尉）
	故左內史咸宣為右扶風，三年下獄自殺。	
	京兆尹無忌。左馮翊殷周。	

	三
閏月丁丑，大僕公孫賀爲丞相。	
	正月，膠東太守延廣爲御史大夫。
	牧丘侯石德爲太常，三年坐廟牲瘦入穀贖論。
下獄死。	
	搜粟都尉上官桀爲少府，年老免。師古曰：「疑此非上官桀，表誤也。」

101 四	100 天漢元年	99 二
	濟南太守琅邪王卿爲御史大夫，二年有罪自殺。	
		新時侯趙弟爲太常，五年坐鞫獄不實論。
	大司農桑弘羊，四年貶爲搜粟都尉。	
		故廷尉杜周爲執金吾，一年遷。

三

二月，執金吾杜周爲御史大夫，四年卒。

廷尉吳尊。

四

弘農太守沛范方渠中翁爲執金吾。師古曰：「沛人，姓范，名方渠，字中翁也。中讀曰仲。」

左馮翊韓不害。

96	95	94
太始元年	二	三
		三月，光祿大夫河東暴勝之公子為御史大夫，三年下獄自殺。師古曰：「公子，亦勝之字也。」
		容城侯唯塗光為太常，徙為安定都尉。
廷尉郭居。		
大司農。		
	少府充國。	
	水衡都尉守。	直指使者江充為水衡都尉，五年為太子所斬。

	93	92	91
	四	征和元年	二
			四月壬申，
後皆類此。」			九月大鴻臚商
	江都侯靳石爲太常，四年坐爲謁問四故太僕敬聲亂尊卑免。		
			光祿勳韓
		廷尉常。	廷尉信。
		光祿大夫公孫遺守少府。	
			京兆尹于己衍

三	
六月壬寅，丞相屈氂	丞相賀下獄死。五月丁巳，涿郡太守劉屈氂爲左丞相。
	丘成爲御史大夫，四年坐祝詛自殺。
	説少卿爲太子所殺。
邗侯李壽爲衞尉，坐居守擅出	
廷尉意。	
高廟郎中田千秋爲大鴻臚，一	
	坐大逆誅。

	89 四	88 後元元年
下獄要斬。	六月丁巳，大鴻臚田千秋爲丞相。	
	繆侯酈終根爲太常，十一年坐祝詛誅。	
	光祿勳有祿。	
長安界使吏殺人下獄死。		守衛尉不害。
年遷。	大鴻臚戴仁坐祝詛誅。淮陽太守田廣明爲鴻臚，五年遷。	
	右輔都尉王訢爲右扶風，九年遷。	
		京兆尹建坐祝詛要斬。

二
二月丁卯，侍中奉車都尉霍光爲大司馬大將軍。
二月乙卯，搜粟都尉桑弘羊爲御史大夫，七年坐謀反誅。
侍中駙馬都尉金日磾爲車騎將軍，一年薨。太僕上官桀爲左將軍，七年反.誅。
當塗侯魏不害爲太常，六年坐孝文廟風發瓦免。
守衞尉遺。
太僕幷左將軍。
執金吾郭廣意免。

86	85
孝昭始元元年	二
尙書令張安世爲光祿勳，六年遷。	
衞尉天水王莽稚叔，三年遷。	
司隸校尉雒陽李仲季主爲廷尉，四年坐誣罔下獄棄市。	
	光祿大夫劉辟彊爲宗正，數月卒。
執金吾河東馬適建子孟任職，六年坐殺人下獄自殺。	
水衡都尉呂辟胡，五年爲雲中太守。	
青州刺史雋不疑爲京兆尹，五年病免。	

84

三

膠西太守齊徐仁中孫為少府，六年坐縱反者自殺。師古曰：「中讀曰仲。」

83

四

衛尉王莽為右將軍衛尉，三年

大鴻臚田廣明為衛尉，五年遷。

五	
	卒。騎都尉上官安為車騎將軍，三年反、誅。
軍正齊王平子心為廷尉，四年坐縱（道）〔首〕匿謀反者	

	81	80
	六	元鳳元年
		九月庚午，右扶風王訢為御史大夫，三
		光祿勳張安世為右將軍
	轑陽侯江德為太常，四年坐廟(夜郎)〔郎夜〕飲失火免。	
		光祿勳幷右將軍。
		諫大夫杜延年為太僕，十五年免。
下獄棄市。		
	大將軍司馬楊敞為大司農，四年遷。	太中大夫劉德為宗正，數
		執金吾壺信。
		中郎將趙充國為水衡都尉，六年遷。
	守京兆尹樊福。	左馮翊賈勝胡，二年坐縱謀反者棄市。

	79	78	77
	二	三	四
			正月甲戌，
年遷。			二月乙丑，大司
光祿勳，六年遷。		中郎將范明友為度遼將軍衛尉，十二年遷。	
			蒲侯蘇昌為太
		衛尉并將軍。	
		廷尉夏國。	
月免。		青州刺史劉德為宗正，十二年薨。	河內太守
		光祿大夫蔡義為少府，三年遷。	
		衛尉田廣明為左馮翊，四年遷。	京兆尹彭祖。

	五
丞相千秋薨。二月乙丑，御史大夫王訢爲〔丞〕相。	十二月庚戌，丞相訢薨。
農楊敞爲御史大夫，二年遷。	
常，十一年坐籍霍山書泄祕書免。師古曰：「以祕書借霍山。」	
	鉅鹿太守淮陽朱壽少樂爲廷尉，坐侍
	詹事韋賢爲大鴻臚，四年爲長信少府。
平原趙彭祖爲大司農，三年卒。	
	沛國太守李壽爲執金吾。

	75	74
	六	元平元年
	十一月己丑，御史大夫楊敞爲丞相。	八月己巳，
	十一月，少府蔡義爲御史大夫，一年遷。	九月戊戌，左馮
		右將軍安
中（加）〔邢〕元下獄風吏殺元棄市。	廷尉李光，四年免。	
	河東太守田延年爲大司農，三年有罪自殺。	
	便樂成爲少府，四年卒。	執金吾延壽。
	右扶風周德。	
		左馮翊武。

丞相敞薨。九月戊戌，御史大夫蔡義爲丞相。

翊田廣明爲御史大夫，三年爲祁連將軍。

世爲車騎將軍光祿勳，七年還。水衡都尉趙充國爲後將軍。水衡都尉光祿大

72	73	
二	孝宣本始元年	
		夫韓增爲前將軍，十三年遷。
詹事東海宋疇翁壹爲大鴻臚，二年遷。		
河南太守魏相爲大司農，		
博士后倉爲少府，二年。執金吾辟兵，三		
	守京兆(田)〔尹〕廣陵相成。	

	三	四
	六月己丑，丞相義薨。甲辰，長信少府韋賢爲丞相。	
	六月甲辰，大司農魏相爲御史大夫，四年遷。	
	廷尉李義。	
		山陽太守梁爲大鴻臚。
一年年。遷。	大司農淳于賜。	
	少府惡。	左馮翊宋疇爲少府，六
	光祿大夫于定國爲水衡都尉，二年遷。	六安相朱山拊爲右扶
	潁川太守趙廣漢爲京兆尹，六年下獄要斬。	大鴻臚宋疇爲左馮翊、

68	69	
二	地節元年	
三月庚午，		
侍中中郎		
	水衡都尉光祿大夫于定國爲廷尉，十七年遷。	
執金吾郅元。		年坐議鳳皇下彭城未至京師不足美貶爲泗水太傅。
潁川太守廣爲	水衡都尉朱輔。（爲）右扶風博。	風，一年下獄死。
		一年遷。左馮翊延，三年免。

	三
	正月甲申，丞相賢賜金免。六月壬辰，御史大夫魏相
大司（農）〔馬〕光薨。	四月戊申，車騎將軍光祿勳張安世爲大司馬車騎
	六月辛丑，太子太傅丙吉爲御史大夫，八年遷。
將霍禹爲右將軍，一年遷。	
	度遼將軍衞尉范明友爲光祿勳，一年坐謀反誅。
	大司農輔。
	執金吾延年。
右扶風，三年。	
	左馮翊官。

為丞相。

將軍，七月戊戌，更為大司馬衞將軍。右將軍霍禹為大司馬。七月壬辰，大司馬

	66	65
	四	元康元年
禹下獄要斬。		
	弋陽侯任宮爲太常，四年坐人盜茂陵園中物免。	
		北海太守張延壽爲太僕，四年病免。
	北海太守朱邑爲大司農，四年卒。	
		平原太守蕭望之爲少府，一年徙。
	勃海太守龔遂爲水衡都尉。	東海太守尹翁歸爲右扶風，四年卒。
	潁川太守讓爲左馮翊。	守京兆尹彭城太守遺。

64	63	62
二	三	四
		八月丙寅，大司馬安世薨。
		蒲侯蘇昌復爲太常，六年病免。
執金吾廣意。		太中大夫李彊中君守少府，三年遷。師古曰:
		光祿大夫馮奉世爲水衡都尉，十四年遷。
少府蕭望之爲左馮翊，三年遷。	守京兆尹潁川太守黃霸，數月還故官。	

	61	60	59
	神爵元年	二	三
			三月丙午，丞相
	前將軍韓增爲大司馬車騎將軍。		
			七月甲子，大鴻臚蕭望
		後將軍充國。	
	中郎將楊惲爲諸吏光祿勳，五年免。		
		衞尉忠。	
	太僕戴長樂，五年免。		
	左馮翊蕭望之爲大鴻臚，二年遷。		少府李彊爲大鴻臚。
	大司農王禹，四年遷。		
「中讀曰仲。」		南陽太守賢爲執金吾。	光祿大夫梁丘賀爲少
	廣陵太守陳萬年爲右扶風，五年遷。		
	膠東相張敞爲京兆尹，八年免。左馮翊彊，三年免。		東郡太守韓延壽爲左

	58	57
	四	五鳳元年
相薨。四月戊戌，御史大夫丙吉為丞相。		
之為御史大夫，三年貶為太子太傅。		
	河內太守韋玄成為衛尉，二年遷。	
		大司農王禹為
		大司農延。
府。		
馮翊，二年下獄棄市。		守左馮翊勃海

	二
	四月己丑，大司馬增薨。五月，強弩將軍許延壽爲大司馬車騎將軍。
	〔八月壬午，太子太傅黃霸爲御史大夫，一年遷。〕
	衛尉韋玄成爲太常，二年免。
	衛尉弘。
	右扶風陳萬年爲太僕，五年遷。
大鴻臚。	
	宗正劉丁。
太守信。	守左馮翊五原太守延壽。

55 三	54 四	53 甘露元年
正月癸卯，丞相吉薨。二月壬申，御史大夫黃霸爲丞相。		
		三月丁巳，大司
六月辛酉，西河太守杜延年爲御史大夫，三年以病賜安車駟馬免。		
		蒲侯蘇昌復爲太常，二
執金吾田聽天，三年遷。		

	52	51
	二	三
		(二)〔三〕月己丑，丞相霸薨。五月甲午，御史大
馬延壽薨。		
	五月己丑，廷尉于定國爲御史大夫，一年遷。	五月甲午，太僕陳萬年爲御史大夫，七年卒。
年病免。		鴈門太守建平侯杜緩爲太常，七年坐盜賊多免。
		博陽侯丙顯爲太僕，一年爲建章衛尉。
	執金吾田聽天爲廷尉，三年遷。	
	守左馮翊廣川相充郎。	

	50	49
	四	黃龍元年
夫于定國爲丞相。		
		十二月癸酉，侍中樂陵侯
	典屬國常惠爲右將軍，四年薨。	太子太傅蕭望之爲前將
	衞尉順。	
	秺侯金賞爲侍中太僕，七年遷。	
	中山相加守廷尉。	廷尉解延年。
	執金吾平。	
	右扶風武。	
	京兆尹成。	〔左馮翊常。〕

	孝元初元元年
史高爲大司馬車騎將軍。	
軍，一年爲光祿勳，二年免。	
	光祿勳并將軍。
	平昌侯王接爲衛尉，五年遷。
	大鴻臚顯，十一年。
	散騎諫大夫劉更生爲宗正，二年免。大司農宏。
	淮陽中尉韋玄成爲少府，二年爲太子太傅。水衡都尉馮奉世爲執金吾，二年
	水衡都尉（馮奉世）。
	太原太守陳遂爲京兆尹，一年遷。

	47	46
	二	三
		執金吾馮奉世爲右將軍，三年爲諸吏典屬國，二年
	光祿勳賞。	光祿大夫周堪爲光祿勳，三年貶爲河東太守。
	京兆尹陳遂爲廷尉，二年卒。	
	大司農充郎。	
遷。		丞相司直南郡李延壽子惠爲執金吾，九年遷。
		淮陽相鄭弘爲右扶風，四年遷。
	京兆尹代郡范。守左馮翊延免。	

	四
為光祿勳。侍中衞尉許嘉為右將軍，五年遷。	
	弋陽侯任千秋長伯為太常，四年以將軍將兵。
	廷尉魏郡尹忠子賓，十四年為諸吏光祿大夫。
	少府延，二年免。
	京兆尹成。

五

六月辛酉，長信少府貢禹爲御史大夫，十二月丁未卒。丁巳，長信少府薛廣德爲御史大夫，一年以病賜安車駟馬免。

河南太守劉彭祖爲左馮翊，二年遷太子太傅。

永光元年
十一月戊寅，丞相定國賜金，安車駟馬免。
七月癸未，大司馬高賜金，安車駟馬免。九月戊子，侍中衞尉王接爲大司馬車
七月辛亥，太子太傅韋玄成爲御史大夫，一年遷。
太僕金賞爲光祿勳，一年卒。
衞尉雲。
故建章衞尉丙顯爲太僕，十年免。
大司農堯。
侍中中大夫歐陽餘爲少府，五年卒。

	42	41
	二	三
	二月丁酉，御史大夫韋玄成爲丞相。	
騎將軍。		四月癸未，大司馬接薨。七月壬
	二月丁酉，右扶風鄭弘爲御史大夫，五年有辠自殺。	
		右將軍奉世爲左將軍光祿勳，
	光祿大夫非調爲大司農。	
	右扶風強，五年。	
	隴西太守馮野王爲左馮翊，五年遷。	

	四
戊，左將軍衞尉許嘉爲大司馬車騎將軍。	
二年卒。侍中中郎將王商爲右將軍，十一年遷。	
	宗正劉臨。
	水衡都尉福。
	光祿大夫琅邪張譚仲叔爲京兆尹，四年不勝

	89	88	87
	五	建昭元年	二
			八月癸亥，諸吏散騎光祿〔勳〕匡衡爲御史大
		太子少傅匡衡爲光祿勳，一年遷。	左曹西平侯于永爲光祿勳，十
			執金吾李延壽爲衞尉，一年遷。
			左馮翊馮野王爲大鴻臚，五年爲上郡太守。
		尚書令五鹿充宗爲少府，五年貶爲玄菟太守。	
		右扶風	
任免。			左馮翊郭延。

36	35
三	四
六月甲辰，丞相玄成薨。七月癸亥，御史大夫匡衡爲丞相。	
七月戊辰，衛尉李延壽爲御史大夫，三年卒。一姓(緐)〔繁〕。師古曰：「(緐)〔繁〕音蒲元反。」	
陽平侯王鳳爲侍中衛尉，三年遷。	
	中郎將丙禹(謂)

夫，一年遷。

六年遷。

	34 五	33 竟寧元年
		六月己未，侍中衛尉王鳳爲大司馬
		〔七〕〔二〕月丙寅，太子少傅張譚爲御史大夫，三年坐選
		太僕譚。
		陽城侯劉慶忌寧君爲宗正，三年遷。
		河南太守召信臣爲少府，二年徙。中少府安平侯王章
〔爲〕水衡都尉，五年。		
	京兆尹王昌稺賓，二年轉爲鴈門太守。	

	32	31
	孝成建始元年	二
大將軍。		
舉不實免。		
	騏侯駒普爲太常，數月薨。	宗正劉慶忌爲太常，五年病免。
	衛尉王罷軍。	
		執金吾王章爲太僕，五年病免。
		蜀郡太守何壽爲廷尉，四年徙。
		大鴻臚浩賞，二年徙。
子然爲執金吾，三年遷。		右扶風溫順爲少府，二年坐買
	常山太守溫順子敎爲右扶風，一年遷。	水衡都尉爵。太原太守讓爲右
	弘農太守宋平次君爲京兆尹。河南太守畢衆爲左馮翊。	河東太守杜陵甄〔尊〕少公爲

	三
	十二月丁丑，丞相衡免。
	八月癸丑，大司馬嘉賜金免。
	十月乙卯，諸吏左曹光祿大夫尹忠爲御史大夫，一年
	右將軍王商爲左將軍，一年遷。執金
	宗正劉通。
公田與近臣下獄論。弋陽侯任千秋長伯爲執金吾，一年遷。	
扶風。	南陽太守王昌爲右扶風，三年免。
京兆尹，二年貶爲河南太守。	

	四
	三月甲申，右將軍王商爲丞相。
坐河決自殺。	十一月壬戌，少府張忠爲御史大夫，六年卒。
吾千秋爲右將軍，一年遷。	右將軍千秋爲左將軍，三年薨。長樂衛尉史丹爲右
	河南太守漢爲大鴻臚，一年免。
	東平相鉅鹿張忠子贛爲少府，十一月遷。
	守京輔都尉王遵爲京兆尹，二年免。大鴻臚浩賞爲左馮翊，九月減死罪一等

	28 河平元年
將軍，三年遷。	
	衞尉王玄中都。師古曰：「中讀曰仲。」
	千乘太守東萊劉順爲宗正，四年坐使合陽侯舉子免。
	司隸校尉王駿爲少府，七年徙。執金吾輔。
	水衡都尉王勳。
論。	杜陵韓勳長賓爲左馮翊，三年爲少府。

二	三
	右將軍丹爲左將軍，十三
	宜春侯王咸長伯爲太常，一年病免。平
	侍中中郎將王音爲太僕，三年遷。
北海太守安成范延壽子路爲廷尉，八年卒。	
廷尉何壽爲大司農。	
	右曹光祿大夫辛慶忌爲執金吾，四年
漢中太守平原王賞少公爲右扶風，三年免。	
楚相齊宋登爲京兆尹，三年貶爲東萊都尉，未發，坐漏泄省中語下獄自殺。	光祿大夫武爲左馮翊。

	四
	四月壬寅，丞相商免。六月丙午，諸吏散騎光祿大夫
年薨。太僕王章爲右將軍。	
昌侯王臨爲太常，六年薨。	
	大夫韋安世爲大鴻臚，二年爲長樂衞尉。
貶爲雲中太守。	
	侍中奉車都尉金敞爲水衡都尉，一年遷。
	司隸校尉王章爲京兆尹，一年下獄死。

	24	23
	陽朔元年	二
張禹爲丞相。		
		四月癸卯，侍中
	侍中水衡都尉金敞爲衛尉，四年卒。	
		史柱國衛公爲
		大鴻臚勳。
	常山太守劉武成爲宗正，四年卒。	
	水衡都尉順。河內太守甄尊爲右扶風，三年遷。	
	弘農太守平陵逢信少子爲京兆尹，三年遷陳留太守。薛宣爲左馮翊，二年遷。	

	三
	八月丁巳，大司馬鳳薨。九月甲子，御史大夫王音爲大司
太僕王音爲御史大夫，一年遷。	十一月丁卯，諸吏散騎光祿勳于永爲御史大夫，二年卒。
	右將軍王章爲光祿勳，數月薨。
太僕。師古曰：「姓史，名柱國，字衞公也。」	右扶風甄尊爲太僕。
	護西(城)〔域〕騎都尉韓立子淵爲執金吾，五年坐選舉不實免。
	左曹水衡都尉河內苟參威神。

	21	20
	四	鴻嘉元年
		三月庚戌，丞相
馬車騎將軍。		
		正月癸巳，少府薛宣爲
		光祿勳辛慶忌
		平臺侯史中爲太常，六
	雲中太守辛慶忌爲光祿勳，四年遷。	
		陽平侯王襄爲衛尉，五
	京兆尹逢信爲太僕，六年遷。	
		大鴻臚愼。
		千乘令劉慶忌
	左馮翊薛宣爲少府，二月遷。	東都太守琅邪王賞中
	水衡都尉禹。太原太守淳于信中君爲右扶風。師古曰：「中讀曰仲。」	
	少府王駿爲京兆尹，一年遷。	太原太守河內鄧義子

	二
禹賜金，安車駟馬免。四月庚辰，御史大夫薛宣爲丞相。	
御史大夫。四月庚辰，京兆尹王駿爲御史大夫，五年卒。	
爲右將軍。	
月病免。建平侯杜業君都爲太常，七年免。	
年徙。	
	左馮翊趙增壽爲廷尉，五年貶
爲宗正，六月坐平都公主殺子貶爲遼東太守。	
子爲少府，四年免。師古曰：「中讀曰仲。」	
華爲京兆尹，一年爲鉅鹿太守。廬江太守趙增壽稺公爲左馮翊，一年遷。	隴西太守劉威子然爲京兆尹，

爲常山都尉。

一年卒。泗水相茂陵滿黔子橋爲左馮翊，四年貶爲漢中都尉。

三

右將軍慶忌爲光祿勳，四年遷。光祿

張掖太守牛商子夏爲右扶風，四年免。

丞相司直翟方進爲京兆尹，三年遷。

15	16	17	
二	永始元年	四	
十月己丑,			
正月乙巳,			
三月丁酉,京兆			
諸吏散騎			勳幷將軍。
太僕逢信爲衞			
衞尉王襄爲太			
長信少府平當			
御史大夫翟方	南陽太守陳咸爲少府,二年免。	中少府韓勳爲執金吾,四年遷。師古曰:「中少府,皇后官。」	
	水衡都尉淳于長,三年免。		
信都太守長安			

丞相宣免。十一月壬子，執金吾翟方進爲丞相。
大司馬音薨。二月丁酉，特進成都侯王商爲大司馬衞將軍。
尹翟方進爲御史大夫，八月貶爲執金吾。十一月壬子，諸吏散騎光祿勳孔光爲御史大夫，七年貶爲廷尉。
光祿大夫孔光爲光祿勳，九月遷。執金吾韓勳爲光祿勳，六月遷。
尉，二年免。
僕，三年病免。
爲大鴻臚，三年遷。
進爲執金吾，一月遷。
宗正子泄爲京兆尹，二年貶爲河南太守。琅邪太守朱博爲左馮翊，一年遷。

三

右將軍辛慶忌爲左將軍，三年卒。光祿勳韓勳爲右將軍，一年卒。

少府師丹爲光祿勳，二年遷侍中光祿大夫。

琅邪太守陳慶君卿爲廷尉，一年爲長信少府。

朔方太守劉它人爲宗正。左馮翊朱博爲大司農，一年爲犍爲太守。

光祿大夫師丹爲少府，五月遷。詹事許商爲少府，二年爲侍中光祿大夫。金城太守廉褒子上爲執金吾，一年遷。

東平太傅彭宣爲右扶風，一年遷。

河內太守杜陵(寵)〔龐〕眞稺孫爲左馮翊，三年遷。

四

十一月庚申，大司馬商賜金，安車駟馬免。

執金吾廉褒為右將軍，五年免。

酇侯蕭尊為太常，六年薨。

侍中水衡都尉淳于長為衛尉，三年免。

右扶風彭宣為廷尉，三年以王國人為太原太守。

會稽太守沛劉交游君為宗正，十年。汝南太守嚴訢子慶為大司農，三年卒。

護羌校尉尹岑子河為執金吾，一年遷。

光祿大夫潁川師臨子威為水衡都尉，八月遷。水衡都尉臨為右扶風，三年為沛郡都尉。

司隸校尉何武為京兆尹，一年貶為楚內史。

12

元延元年	正月壬戌，成都侯商復爲大司馬衞將軍，十二月乙未遷爲大司馬大將軍，辛	執金吾尹岑爲右將軍，二年薨。	大鴻臚平當爲光祿勳，七月坐前議昌陵貶爲鉅鹿太守。曲陽侯王根爲光祿	護軍都尉甄舜子節爲太僕。東萊太守平陵范隆偉公爲太僕，二年免。			左馮翊龐眞爲少府，四年遷。廣漢太守趙護子夏爲執金吾。	侍中光祿大夫趙彪大伯爲侍中水衡都尉，三年卒。	廣陵太守王建爲京兆尹。河南太守徐讓子張爲左馮翊，四年免。

	二
亥薨。庚申，光祿勳王根爲大司馬票騎將軍。	
勳，一月遷。	樂昌侯王安惠公爲光祿勳，數
	光祿大夫朱博爲廷尉，一年遷。
	太山太守蕭育守大鴻臚，數月徙。
	廣陵太守孫寶爲京兆尹，一年免。

10 三	
廷尉朱博為後將軍，二年免。	
尚書僕射趙（七）〔玄〕少平為光祿勳，二年為太子太傅。	月病免。
護軍都尉任宏偉公為太僕，二年徙。	
沛郡太守何武為廷尉，二年遷。	
九江太守王嘉為大鴻臚，三年遷。	
大司農堯。	
水衡都尉南陽王超驕軍，三年坐淳于長自殺。守鴻臚太山太守蕭育為右扶風，三年免。	

8	9
綏和元年	四
四月丁丑，大司馬票騎將軍根更爲大司	
三月戊午，廷尉何武爲御史大夫，四月乙卯爲大司空，一年免。	
廷尉孔光爲左將軍，一年遷。執金吾王咸	
侍中光祿大夫師丹爲諸吏散騎光祿勳，	
成(湯)〔陽〕侯趙訢君偉爲衛尉，六月。侍中光祿大夫司農趙	
駙馬都尉王舜爲太僕，二年病免。	
御史大夫孔光爲廷尉，九月遷。少府龐眞爲廷尉，二年爲長信	
侍中光祿大夫許商爲大司農，數月遷。太	北地太守谷永爲大司農，一年免。
詹事(中)〔平〕陵賈延初卿爲少府，三年。太僕宏爲執金吾，十一	
京兆都尉甄豐長伯爲水衡都尉，二年爲泗(州)〔水〕相。	
長信少府薛宣爲京兆尹，一年貶爲淮陽相。丞相司直琅邪逯	

馬，七月甲寅賜金，安車駟馬免。十一月丙寅，侍中騎都尉光祿大夫王莽爲大司馬。
爲右將軍，一年遷。
十一月爲太子太傅。大司農許商爲光祿勳，四月遷。
玄爲衛尉，一月爲中少府。
少府。
原太守彭宣爲大司農，一年遷。
月貶爲代郡太守。光祿大夫王臧幼公爲執金吾，三月遷，南陽謝堯長平一年遷。
義子贛爲左馮翊，坐選舉免。

7

二

二月壬子，丞相方進薨。三月丙戌，左將軍孔光爲丞相。

十一月丁卯，大司馬莽賜金，安車駟馬免。庚午，左將軍師丹爲大司馬，四月徙。

十月癸酉，大司馬丹爲大司空，一年免。

右將軍王咸爲左將軍，十月免。衛尉傅喜爲右將軍，十一月賜金罷。太子太傅師丹

安丘侯劉常爲太常，四年病，賜金百斤，安車駟馬免就國。

大司農彭宣爲光祿勳，六月遷。衞尉王能爲侍中光祿勳，二年貶爲弘農，坐呂寬自

太子中庶子傅喜稺游爲衛尉，二月遷。侍中光祿大夫王龔子卽爲衛尉，二月遷。城門校尉丁望爲衞尉，三年遷。

執金吾謝堯爲大鴻臚，三年徙。

大司農河東梁相子夏，一年遷。

光祿大夫鉅鹿閻宗君闌爲執金吾，六年卒。執金吾河內孫雲子叔，三年遷。

故太僕范隆爲右扶風，八月爲冀州牧。太山馬嘉次君爲右扶風，一年免。

光祿大夫朱博爲京兆尹，數月遷。光祿大夫邴漢游君爲京兆尹，數月病，爲中大夫。大鴻臚王嘉爲京兆尹，二年遷。

	孝哀建平元年
	四月丁酉，侍中光祿大夫
	十月壬午，京兆尹朱博爲大司空。
爲左將軍，五月遷。光祿勳彭宣爲右將軍，二年遷。	右將軍彭宣爲左將軍，一
殺。	
	大司農梁相爲廷尉，二年貶爲東海都
	大司農左咸，一年徙。
	司隸校尉東海方賞君賓爲左馮翊，二

5

	二
	四月乙未，丞相光免。御史大夫朱博為丞相，八月甲戌有
傅喜為大司馬。	二月丁丑，大司馬喜免。陽安侯丁明為大司馬衞將軍。
	四月戊午，大司空博為御史大夫，乙亥遷。中尉趙玄為御史大夫，五月下獄論。九月乙
年坐與淮陽王婚免。	光祿勳丁望為左將軍卒。執金吾公孫祿為右將軍，一年
	衞尉望為光祿勳，一月遷。光祿大夫平當為光祿勳，四月
	少府賈延為衞尉，十一月還故官。執金吾孫雲為衞尉，四年遷。
	城門校尉丁憲子尉為太僕，四年遷。
尉。	
	大鴻臚雲陽畢申世叔，五年徙。
	衞尉賈延為少府，一年遷。五官中郎將潁川公孫祿中子為執金吾。師古曰：「中讀曰仲。」
	侍中水衡都尉讓。大鴻臚謝堯為扶風，一年遷。
年遷。	

	4 三
皋自殺。十二月甲寅，御史大夫平當爲丞相。	三月己酉，丞相
酉，諸吏散騎光祿勳平當爲御史大夫，二月遷。十月丙寅，京兆尹王嘉爲御史大夫，一年遷。	四月丁酉，河南太守王
遷。	右將軍公孫祿
遷。	少府賈延爲光
	左馮翊方賞爲廷尉，四
	御史大夫王崇
	尙書令涿郡趙昌君仲
	光祿大夫東海魏章子
	潁川太守毋將隆爲京

當薨。四月丁酉，御史大夫王嘉爲丞相。
崇爲御史大夫，九月貶。
爲左將軍，二年免。執金吾（蟜）〔蟜〕望爲右將軍，一年遷。
祿勳，三年遷。
年徙。
爲大司農，二年遷。
爲少府，一年爲河內太守。將作大匠東海蟜望王君爲執金吾，三月遷。光祿大夫蕭育爲執金吾，一年免。
讓爲右扶風，一年免。
兆尹，一年遷。大司農左威爲左馮翊，三年爲復土將軍。

四	元壽元年
	三月丙午，丞相嘉下
	正月辛丑，大司馬衞
三月丁卯，諸吏散騎光祿勳賈延爲御史大夫，一年遷。	五月乙卯，諸吏光祿大夫孔光
諸吏散騎光祿大夫王安爲右將軍，一年遷。	御史大夫何武爲前
建平侯杜業爲太常，三年貶爲上黨都尉。	
	詹事馬宮爲光祿勳，
	少府董恭爲衞尉，二月爲光祿
陳留太守渤海劉不惡子麗爲宗正，更名容。	
光祿大夫董恭君孟爲少府，一年遷。京兆尹毋將隆爲執金吾，一年貶爲沛郡都尉。	衞尉孫雲爲少府，一月。陳留太
光祿大夫龔勝爲右扶風，一年歸故官。	光祿大夫沛弘譚巨君爲右扶
光祿大夫茂陵申屠博次孫爲京兆尹，一年遷。	京兆尹南陽翟萌幼中。師古曰:

獄死。七月丙午，御史大夫孔光爲丞相。

將軍明更爲大司馬票騎大將軍。特進孔鄉侯傅晏爲大司馬衞將軍，辛亥賜

爲御史大夫，二月遷。七月丙午，汜鄉侯何武爲御史大夫，二月免。

將軍，二年免。

二年遷。

大夫。右扶風弘譚爲衞尉，一年遷。

守茂陵耿豐爲少府，二年爲復土將軍。京兆尹申屠博爲執金吾，一年免。

風，冬遷。

「中讀曰仲。」

	（二）
金，安車騎馬免。	九月己卯，大司馬明免。十一月壬午，諸吏光祿大夫韋賞爲大
	八月辛卯，光祿大夫彭宣爲御史大夫。
	光祿大夫南夏常仲齊爲右扶風。

司馬車騎將軍，己丑卒。十二月庚子，侍中駙馬都尉董賢爲大司馬衞將軍。

(三)〔二〕

五月甲子，丞相光爲大司徒，九月辛酉爲太傅。右將軍馬宮爲大司徒。

五月甲子，大司馬衞將軍賢更爲大司馬，六月乙未免。庚申，新都侯王莽爲大

五月甲子，御史大夫宣爲大司空，三月病免。八月戊午，右將軍王崇爲大司空。

安陽侯王舜爲車騎將軍，八月遷。衞尉王崇爲右將軍，二月。光祿勳馬宮爲右

博陽侯丙昌長嬌爲太常，二年貶爲東(鄧)〔郡〕太守。

左曹中郎將甄豐爲光祿勳，一年遷。

大司農王崇爲衞尉，二月遷。建成侯黃輔子元爲衞尉。

長樂衞尉王惲子敬爲太僕，五年遷。

故廷尉梁相復爲大理，二年坐除吏不次免。

復土將軍左咸爲大鴻臚。

衞尉弘譚爲大司農。

光祿大夫韓容子伯爲執金吾，一月免。護軍都尉孫建子夏爲執金吾，三月遷。

大鴻臚畢由爲右扶風，六月貶爲定襄太守。

京兆尹清河孫意子承。廷尉方賞爲左馮翊，一年遷。

司馬。

將軍，三月遷。光祿勳甄豐爲右將軍，六月遷。執金吾孫建爲右將軍，二年遷。

孝平元始元年

二月丙辰，太傅孔光爲太師，大司馬王莽爲太傅，大司馬車騎將軍王舜爲太

二月丙辰，大司馬莽遷。

侍中奉車都尉甄邯子心爲光祿勳，三年遷。

中郎將蕭咸爲大司農，一年卒。

少府宗伯鳳君房。中郎將任岑爲執金吾，一年卒。

右輔都尉趙恢君向爲右扶風，一年免。

大司徒司直金欽爲京兆尹，一月爲侍中。光祿大夫左馮翊張嘉。

	2 二
保車騎將軍。	
	二月癸酉，大司空王崇(爲)病免。四月丁酉，少(府)〔傅〕左將軍甄豐爲大司空。
	右將軍孫建爲左將軍光祿勳甄邯爲右將軍光祿勳。
	安昌侯張宏子夏爲太常，二年貶爲越騎校尉。
	大鴻臚橋仁。
	光祿大夫孫寶爲大司農，數月免。
	左輔都尉尹賞爲執金吾，一年卒。
	中郎將幸成子淵爲水衡都尉。大司馬司直沛武襄君孟爲右扶風，三年爲冀州牧。

3	4	5
三	四	五
		四月乙未，
		執金吾王
城門校尉劉岑子張爲太常，二年徙爲宗伯。		
		太僕惲爲
尚書令潁川鍾元寧君爲大理。		
		大鴻臚左咸。
	宗正容更爲宗伯，一年免。	太常劉岑
執金吾長安王駿君公，三年遷。		
	將作大匠謝堯爲右扶風，年七十病免，賜爵關內侯。	尚書令南陽鄧
左馮翊匡咸子期。	京兆尹鍾義。左馮翊沛孫信子儒。	宰衡護軍武襄

太師光薨。

大司徒宮爲大司馬，八月壬午免。十二月丙午，長樂少府平晏爲大司徒。

駿爲步兵將軍。

光祿勳。

爲宗伯。大司農尹咸。

馮君侯爲右扶風。

爲京兆尹，數月遷。中郎將南陽郝黨子嚴爲左馮翊。

校勘記

七五一頁一欄 三格「十年」據景祐、殿本補。

七五三頁三欄 四格原在三格，據景祐、殿、局本移下。王先謙說「峊」譌「窋」。按局本作「峊」。

七五四頁三欄 四格原在五格，據景祐、殿、局本移上。

七五九頁三欄 二格「倉」，殿本作「蒼」。王先謙說作「蒼」是。

七六二頁一欄 六格「奉常」據景祐、殿本補。王先謙說蓋盎免而殷代也。

七六四頁一欄 十三格，王先謙說中尉都三年方免，此處不應有「中尉」二字。

七六五頁三欄 二格，王先謙說「死」爲「免」字之譌。按殿本作「免」。四格，王先謙說「死」亦「免」之誤。

七六六頁四欄 二格，王先謙說「後」字蓋衍。

七六九頁一欄 九格，王先謙說「年」下脫「還」字。按各本都脫。

七七一頁一欄 八格，王先謙說「都」當爲「衞」。按景祐、殿本都作「衞」。

七七五頁二欄 十四格，王先謙說「陽」當爲「楊」。按景祐、殿本都作「楊」。

七七九頁二欄 十二格，王先謙說「爲」字衍。按景祐、殿本無。

七八三頁三欄 十三格，王先謙說「中尉」衍文。

七六六頁二欄　十五格原在十四格，據景祐、殿本移下。

七九四頁二欄　十格，王先謙說「道」是「首」之誤字。

七九五頁二欄　六格「夜郎」，景祐、殿本都作「郎夜」。王先謙說「郎」在「夜」上是。

七九七頁一欄　二格，殿本考證說「相」上脫「丞」字。按景祐本有。

七九八頁一欄　十格，殿本「加」作「邢」。

八〇〇頁二欄　十五格，王先謙說「田」是「尹」之誤。按景祐、局本都作「尹」。

八〇二頁二欄　十四格，沈欽韓說「爲」字衍。

八〇三頁一欄　三格，錢大昭說「農」當爲「馬」。按景祐、殿、局本都作「馬」。

八〇九頁二欄　四格據景祐、殿本補。錢大昭說閩本有。六格原在五格，八格原在七格，據景祐、殿本移下。

八一一頁三欄　二格「二」，景祐、殿本都作「三」。王先謙說作「三」是。

八一二頁三欄　十五格據景祐、殿本補。錢大昭說閩本有。

八一三頁二欄　十四格，殿本有「馮奉世」三字，考證說從宋本補。按景祐本無此三字。

八一七頁一欄　十二格原在十一格，據景祐、殿、局本移下。

八二〇頁四欄　四格，錢大昭說「光祿」下脫「勳」字。按各本都脫。

八二一頁二欄　四格「緐」，王先謙說殿本作「繁」是。

八二一頁一欄　十四格「謂」，景祐、殿、局本都作「爲」。

八二二頁三欄　四格，沈欽韓說史表作「三月」，「七月」是傳寫之誤。　按景祐本正作「三月」。

八二三頁三欄　十五格，「尊」字據景祐、殿本補。

八三〇頁二欄　十三格，景祐、殿本都作「域」，「城」字誤。

八三六頁一欄　十五格「寵」，景祐、殿本都作「龐」。　王先謙說作「龐」是。

八四〇頁二欄　七格「亡」，景祐、殿本都作「玄」。

八四一頁二欄　八格「湯」，景祐、殿、局本都作「陽」。　王先謙說作「陽」是。　十三格「中陵」，景祐、殿本都作「平陵」。　王先謙說作「平陵」是。　十四格「州」，景祐、殿本都作「水」。　王先謙說作「水」是。

八四七頁一欄　五格「嶠」，景祐、殿本都作「蟜」。

八五〇頁二欄　一格，景祐、殿本無「二」字。

八五二頁一欄　一格「三」，景祐、殿本都作「二」。　周壽昌說孝哀崩於元壽二年，無三年。

八五三頁一欄　六格「都」，景祐、殿本都作「郡」。　王先謙說作「郡」是。

八五五頁二欄　四格，王先謙說「病」上「爲」字衍，「府」當作「傅」。

漢書卷二十

古今人表第八

師古曰：「但次古人而不表今人者，其書未畢故也。」

自書契之作，先民可得而聞者，經傳所稱，唐虞以上，帝王有號謚，輔佐不可得而稱矣，〔一〕而諸子頗言之，雖不考虖孔氏，然猶著在篇籍，歸乎顯善昭惡，勸戒後人，故博采焉。孔子曰：「若聖與仁，則吾豈敢？」〔二〕又曰：「何事於仁，必也聖乎！」〔三〕「未知，焉得仁？」〔四〕「生而知之者，上也；學而知之者，次也；困而學之，又其次也；困而不學，民斯爲下矣。」〔五〕又曰：「中人以上，可以語上也。」〔六〕「唯上智與下愚不移。」〔七〕傳曰：譬如堯舜，禹、稷、卨與之爲善則行，〔八〕鮌、讙兜欲與爲惡則誅。〔九〕可與爲善，不可與爲惡，是謂上智。桀紂，龍逄、比干欲與之爲善則誅，〔一〇〕于莘、崇侯與之爲惡則行。〔一一〕可與爲惡，不可與爲善，是謂下愚。齊桓公，管仲相之則霸，豎貂輔之則亂。〔一二〕可與爲善，可與爲惡，是謂中人。因茲以列九等之序，究極經傳，繼世相次，總備古今之略要云。〔一三〕

〔一〕文穎曰：「言遠，經傳不復稱序也。」師古曰：「契謂刻木以記事。自唐虞以上帝王有號見於經典，其臣佐不可得而稱記也。」

〔二〕師古曰：「此孔子自謙，不敢當聖與仁也。」

〔三〕師古曰：「言能博施於人而濟衆者，非止稱仁，乃爲聖人也。」

〔四〕師古曰：「言智者雖能利物，猶不及仁者所濟遠也。」

〔五〕師古曰：「困謂有所不通也。」

〔六〕師古曰：「言中庸之人漸於訓誨，可以知上智之所知也。」

〔七〕師古曰：「言上智不染於惡，下愚雖敎無成。自此已上皆見論語。凡引此者，著班氏自述所表先聖後仁及智愚之次，皆依於孔子者也。」

〔八〕師古曰：「傳謂解說經義者也。」

〔九〕師古曰：「鮌，檮杌也。讙兜，渾敦也。」

〔一〇〕師古曰：「關龍逢，桀之臣也；王子比干，紂之臣也：皆直諫而死也。」

〔一一〕師古曰：「于莘，桀之勇人也。崇侯，紂之佞臣也。」

〔一二〕師古曰：「豎貂，卽寺人貂也。」

〔一三〕張晏曰：「老子玄默，仲尼所師，雖不在聖，要爲大賢，文伯之母達於禮典，動爲聖人所歎，言爲後世所則，而在第四。田單以卽墨孤城復强齊之大，魯連之博通，忽於榮利，藺子申威秦王，退讓廉頗，乃在第五。大姬巫怪，好祭鬼神，陳人化之，國多淫祀，寺人孟子違於大雅，以保其身，既被宮刑，怨刺而作，乃在第三。嫪毒上烝，昏亂禮度，惡不忍聞，乃在第七。其餘差違紛錯不少，略舉揚較，以起失謬。獨馳騖於數千歲之中，旁觀諸子，事業未究，而尋遇竇氏之難，使之然乎？」師古曰：「六家之論，輕重不同；百行所存，趣捨難壹。張氏輒申所見，掎摭班史，然其所論，又自差錯。且年代久遠，墳典隳亡，學者舛駮，師論分異，是以表載古人名氏，或與諸書不同。今則特有發明，用暢厥旨。自女媧以下，帝鴻以前，諸子傳記，互有舛駮，敘說不同，無所取正，大要知其古帝之號而已。諸人士見於史傳，彰灼可知者，無待解釋，其間幽昧者，時復及焉。」

上上聖人	上中仁人	上下智人	中上	中中	中下	下上	下中	下下愚人
太昊帝宓羲氏 張晏曰：「太昊有天下號也。作罔罟田漁以備犧牲，故曰宓羲氏。」師古曰：「宓音伏，字本作虙，其音同。」								

女媧氏
師古曰：「媧音古蛙反，又音瓜。」
共工氏
師古曰：「共讀曰龔。下皆類此。」
容成氏
大廷氏
師古曰：「廷讀曰庭。」
柏皇氏
中央氏
栗陸氏

驪連氏
赫胥氏
尊盧氏
沌渾氏
師古曰：「沌音大本反，渾音胡本反。」
昊英氏
有巢氏
朱襄氏
葛天氏
陰康氏

亡懷氏 師古曰：「亡讀曰無。下皆類此。」

東扈氏

帝鴻氏

悉諸

少典 炎帝師。

黃帝。 炎帝妃，生

列山氏

歸臧氏

炎帝神農氏 張晏曰：「以火德王，故號曰炎帝。作耒耜，故曰神農。」

黃帝軒轅氏 張晏曰：「以土德王，故號曰黃帝。作軒冕之服，故謂之軒轅。」

方雷氏 黃帝妃，生玄囂，是爲青陽。

絫祖 黃帝妃，生昌意。師古曰：「絫音力追反。」

彤魚氏 黃帝妃，生夷鼓。

悔母 黃帝妃，生倉林。

倉頡 黃帝史。

蚩尤

師古曰：「㑄音暮，字從巾。㑄即嫫母也。」

封鉅

黃帝師。

大填

黃帝師。

大山稽

黃帝師。

力牧

風后

鬼臾區

師古曰：「即鬼容區也。臾、容聲相近。」

上上	少昊帝金天氏張晏曰：「以金德王，故號曰金天。」
上中	封胡　孔甲　岐伯　泠淪氏服虔曰：「淪音鯀，始造十二律者。」師古曰：「音零綸。」　五鳥　五鳩　昌僕昌意妃，生顓頊。

顓頊帝
高陽氏

女祿
顓頊妃，生老童。
嬌極
老童妃，生重黎。
吳回
后土
蓐收
玄冥
熙
柱
帥味
允格

〔九黎〕

臺駘 師古曰：「駘音胎。」

窮蟬 顓頊子，生敬康。

大款 顓頊師。

柏夷亮父 顓頊師。師古曰：「父讀曰甫。下皆同。」

綠圖 顓頊師。

帝嚳高辛氏 張晏曰：「少昊以前天下之號象其德，顓頊以來天下之號因其名。高陽、高辛，皆所興地名也。顓頊與嚳皆以字爲號，上古質故也。」

僑極 玄囂子，生帝嚳。

姜原 帝嚳妃，生棄。

簡逿 帝嚳妃，生卨。師古曰：「逿音吐歷反，卽簡狄也。」

陳豐

帝嚳妃，生

堯。

師古曰：「即陳鋒是也。」

娵訾

帝嚳妃，生

摯。

祝融

陸終

祝融子。

女潰

陸終妃，生

六子：一曰

昆吾，二曰

參胡，三曰
彭祖，四曰
會乙，五曰
曹姓，六曰
季連。
廖叔安
師古曰：「左氏傳作（戮）〔飂〕，同音力周反，又力授反。」
舟人
赤松子
帝嚳師。
柏招
帝嚳師。
句望

〔帝堯〕陶唐氏 張晏曰：「翼善傳聖曰堯。」

敬康子，生蟜牛。師古曰：「句音鉤。蟜音矯。」
帝摯
女皇 堯妃，散宜氏女。
羲仲
羲叔
和仲
和叔
倉舒
隤敳

朱 堯子。
閼伯
實沈
女志

共工
讙兜
三苗
鮌

師古曰：「隤音頹。敳音五來反。」
檮戭
師古曰：「音嚋演。」
大臨
尨降
師古曰：「降音下江反。」
咎繇
仲容
叔達
柏奮
仲堪

鮌妃，有㜪氏女，生禹。
師古曰：「㜪音所巾反。」

叔獻
季仲
柏虎
仲熊
叔豹
季熊師古曰：「卽左氏傳所謂季貍者也。」
尹壽
堯師。
被衣師古曰：「被音披。」
方回

帝舜有虞氏 張晏曰：「仁聖盛明曰舜，舜之

王兒 師古曰：「兒音五奚反。」

齧缺

許繇 師古曰：「郋許由也。」

巢父

子州支父

娥皇 舜妃。

女罃

敤手 舜妹。 師古曰：「敤音

鼓叜 （嬌）〔蟜〕牛子，生舜。

象

言允也。」

舜妃。師古曰：「卽女英也。罃音於耕反。」
姑人
棄妃。師古曰：「姑音其乙反。」
卨
垂
朱斨
柏譽
師古曰：「譽音弋於反。」

口果反。流俗書本作擊字者誤。」
董父
石戶之農
北人亡擇
雒陶
續身
柏陽
東不訾
秦不虛
師古曰：「雒陶

舜弟。
商均
舜子。

帝禹夏后氏

柏益

龍

夔

女趫 禹妃，塗山氏女，生啓。師古曰：「趫音丘遙反。」

啓 禹子。

已下皆舜之(支)〔友〕也。身或作耳。盧或作(字)〔宇〕。並見尸子。

昭明 卨子。

奚仲

相土 昭明子。

六卿

不窋

昌若 相土子。

太康

有扈氏 師古曰：「即與啓戰于甘者也。」

棄子。師古曰：「窋音竹出反。」

胤

根圉　昌若子。
有扔君　師古曰：「扔音仍。」
武羅
柏因
熊髡
庬圉

中康　太康弟。師古曰：「中讀曰（中）〔仲〕。下皆類此。」
相　中康子。
后緡　相妃，生少康。

后夔玄
妻

啓子，昆弟五人，號五觀。
羲和　師古曰：「卽羲時亂日，胤往征之者也。」
逢門子

羿　師古曰：「有窮君也。」
韓浞　師古曰：「羿之相也。浞音七角反。」
奡　師古曰：「音五

少康 相子。
二姚 少康妃。
芬 師古曰：「音紛。」
芒 槐子。
泄

靡
女艾
冥 根圉子。
垓 冥子。 師古曰：「音該。」
微 垓子。
鞠 不窋子。

師古曰：「武羅以下四人皆羿之賢臣也。庬音尨。」
虞后氏
杼 少康子。 師古曰：「杼音大呂反。」
槐 〔杼子。〕
報丁 微子。

斟灌氏
斟尋氏 師古曰：「二國，夏同姓諸侯，為羿所滅。」

殪 師古曰：「殪音
許冀反。」
柏封叔

到反。楚辭所謂
澆者也。」

公劉 鞠子。

不降

劉絫 師古曰：「古累字。」

關龍逢

扃 不降弟。師古曰：「扃音工熒反。」

廑 師古曰：「音勤，又音覲。」

報乙

報丙

主壬

主癸

孔甲 不降子。

皋 師古曰：「墓在殽者也。」

發

韋 師古曰：「豕韋，國彭姓。」

鼓 師古曰：「卽顧國，已姓。」

癸 發子，是爲桀。

末嬉 桀妃。

于莘

帝湯殷商氏 師古曰：「禹、湯皆字。三王去唐虞之文，從高古之質，故夏殷之王皆以名爲號也。」

有㜪氏 湯中妃，生大丁。 師古曰：「㜪與莘同。」

大丁

伊尹

仲虺 師古曰：「湯左相也。」

老彭

義伯

中伯 師古曰：「義、仲，湯之二臣。」

虞公遂

逢公柏陵

費昌 師古曰：「費音扶昧反。」

終古 夏太史令。

慶節 公劉子。

皇僕 慶節子。

昆吾 師古曰：「如姓國也。三者皆湯所誅也。」

推侈

葛伯 師古曰：「湯所征。」

尹諧 師古曰：「湯所誅，見孔子家語。」

咎單 師古曰：「湯臣，主土地之官也。單音善。下皆類此。」
太甲 大丁子。

卞隨
務光

外丙 大丁弟。
中壬 外丙弟。
沃丁 太甲子。
大庚 沃丁弟。
小甲 大庚子。
雍己 小甲弟。

差弗 皇僕子。師古曰：「差音楚宜反。」

大戊雍己弟。
巫咸師古曰：「大戊之臣也。」
祖乙河亶甲弟。

伊陟師古曰：「伊尹子也。」
臣扈師古曰：「亦湯臣。」
外壬中丁弟。
河亶甲外壬弟。
巫賢

孟獻益後。
中衍
中丁大戊弟。
祖辛祖乙子。
沃甲

毀隃差弗子。師古曰：「隃音踰。」
公非毀隃子。
辟方公非子。師古曰：「辟音壁。」

盤庚陽甲弟。

大彭
豕韋
陽甲祖丁子。
小辛盤庚子。

祖辛弟。
祖丁祖辛子。
南庚沃甲子。

高圉辟方子。
夷竢高圉子。師古曰：「竢與俟同。」
亞圉高圉子。
雲都亞圉弟。
公祖

武丁 小乙子。
傅說 師古曰：「說讀曰悅。武丁相也。」
甘盤 師古曰：「武丁師也。」
大王亶父 公祖子。
姜女

小乙 小辛弟。
祖己
孝己
祖伊

劉姓豕韋
祖庚 武丁子。

亞圉子。
甲

大王妃。 太伯 中雍 王季 大任王季妃，生文王。 微子紂兄。 箕子
祖庚弟。 馮辛甲子。 庚丁馮辛弟。
武乙庚丁子。 大丁武乙子。 乙大丁子。
辛乙子，是爲紂。

比干

伯夷

叔齊

太師摯

亞飯干 師古曰：「飯音扶晚反。」

三飯繚 師古曰：「繚音來雕反。」

膠鬲

微中

商容

師涓 師古曰：「涓音工玄反。」

梅伯

妲己 紂妃。師古曰：「妲音丁葛反。」

費中 師古曰：「費音扶味反。」

飛廉

惡來

左強

文王周氏

大姒 文王妃。

四飯缺
鼓方叔
播鞀武 師古曰：「鞀音徒高反。」
少師陽
擊磬襄 師古曰：「自師摯已下八人皆紂時奔走分散而去。鄭玄以爲周平王時人，非也。」
虢中
虢叔 師古曰：「中、叔

邢侯
鬼侯
伯達
伯适 師古曰：「适音江闊反。」
中突
中曶 師古曰：「曶與忽同。」
叔夜

伯邑考 文王子。
楚熊麗 鬻子。師古曰：「鬻讀

武王
文王子。

大顛
閎夭
散宜生
南宮适
師古曰：「大顛以下，文王之四友也。」
祭公
師古曰：「祭音側介反。」
師尚父
畢公

二人皆文王弟也。」
粥熊
師古曰：「文王師也。粥音弋六反。」
辛甲
周任
史扁
師古曰：「扁音編。」
向摯
殷（太）史。
邑姜
武王妃。

叔夏
季隨
季騧
師古曰：「伯達以下，周之八士也，騧音瓜。」
成叔武
文王子。
霍叔處
文王子。
檀伯達
師古曰：「武王

與粥同。」
虞侯
芮侯
師古曰：「二國訟田質於文王者。」
吳周章
中雍曾孫。

芮伯
師古曰：「周同姓之國在圻內者，當武王時作旅巢命。」
巢伯
師古曰：「南方遠國，武王克商而來（朝）。」

文王子。
太師疵
少師強
成王誦
武王子。
召公

大姬
武王妃。
曹叔振鐸
文王子。
毛叔鄭
文王子。
虞閼父
陳胡公滿
舜後。
衞康叔封
文王子。

臣。」
蘇忿生
師古曰：「武王司寇蘇公。」
滕叔繡
文王子。
原公
文王子。
郜子
文王子。
師古曰：「郜音告。」
雍子
文王子。
酆侯

杜伯
楚熊狂
麗子。
虞中
周章弟。
杞東樓公
禹後。
邘侯
武王子。
韓侯
武王子。
齊丁公

季勝
惡來弟。
秦女妨
惡來子。
楚子繹
狂子。

祿父
紂子。

周公 文王子。

周同姓。
史佚

聃季載 文王子。
君陳
芮伯 師古曰：「周司徒也。」
師伯 師古曰：「周宗伯也。尚書作彤伯。」
毛公 師古曰：「周司空也。」
師氏 師古曰：「周大夫也。」

文王子。
郇侯 文王子。師古曰：「郇音荀。」
唐叔虞 武王子。
應侯 武王子。
右史戎夫
祝雍
邘叔

伋 師尙父子。
魯公伯禽 周公子。
凡伯 周公子。
蔣侯 周公子。
邢侯 周公子。
茅侯 周公子。
胙侯

孟會 季勝子。
蔡中胡 叔度子。

管叔鮮 文王子。
蔡叔 文王子。

龍臣 師古曰：「周武賁氏也。尚書作武臣。」 中桓 南宮髦 師古曰：「二人亦周大夫也。桓、髦皆其名也。自芮伯以下皆見周書顧命。」 康王釗 成王子。 師古曰：「釗音之遙反，又音工遼反。」
商子
周公子。 祭侯 周公子。 師古曰：「祭音側介反。」 晉侯燮 虞子。 秦旁皋 女防子。 楚熊艾 繹子。 宋微中 啓子。 魯孝公 伯禽子。
衞康叔 封子。 陳申公 滿子。 蔡伯 胡子。 楚熊亶
蔡侯宮 伯子。
祭公 辛繇靡 師古曰：「繇讀

穆王滿
昭王子。
呂侯
師古曰：「穆王司寇也。」

齊乙公
丁公子。
晉武公
燮子。
秦大几
旁皋子。
魯煬公
孝公子。
師古曰：「煬音式向反。」
齊癸公
乙子。
秦大雒
大乙子。
楚熊盤

艾子。
宋公稽
仲子。
衛孝伯
康伯子。
陳柏公
申公弟。
陳孝公
造父
衡父子。
師古曰：「造音千到反。」
徐隱王
師古曰：「卽偃

衡父
孟增子。

與由同。」

昭王瑕
康王子。
房后
師古曰：「昭王后也。」

君牙 師古曰：「穆王司徒也。」
伯㷊 師古曰：「穆王太僕也。㷊音居永反。」
祭公謀父 師古曰：「祭音側介反。」
密母

艾子。
衞嗣伯 孝伯子。
衞(建)〔逮〕 嗣伯子。
秦非子 大雒子。

王也。」
鉛陵卓子
楚熊鍚 盤子。
宋愍公 共公子。
衞靖伯 (建)〔逮〕子。

共王伊扈 穆王子。
晉成侯 武侯子。
陳愼侯

魯幽公 煬公子。
齊哀公 癸公子。
密康公
懿王堅 穆王子。詩作。

宋煬公 愍公弟。
齊胡公 哀公弟。

宋弗父何 愍公子。

芮良夫

共伯和 師古曰：「共，國名也。伯，爵也。和，

秦嬴 非子子。

秦侯 嬴子。

楚摯紅 渠子。

衞貞伯 靖伯子。

魯獻公 厲公弟。

燕惠公 邵公九世。

宋釐公 厲公子。師古曰：「釐讀曰僖。下皆類

孝侯子。

蔡厲侯 宣侯子。

魯厲公 魏公子。

晉厲侯 成侯子。

衞頃侯 貞伯子。

楚熊延 摯弟。

蔡武侯 厲侯子。

衞釐公

師古曰：「政道既衰，怨刺之詩始作也。」

孝王辟方 共王弟。師古曰：「辟音壁。」

夷王摺 懿王子。師古曰：「摺音燮。」

齊武公 (厲)〔獻〕公子。

魯魏公 幽公弟。

楚熊摯 渠子。

宋厲公 愍公子。

齊獻公 胡公弟。

召虎

共伯之名也。共音恭。而遷史以爲周召二公行政，號曰共和，無所據也。」
嘉父
譚大夫
寺人孟

史伯
宋父 何子。
秦中 伯〔子〕。
魯武公 愼公弟。
秦嚴公 仲子。
楚熊霸 嚴子。

此。」
曹夷伯 振鐸六世。
魯愼公 獻公子。
齊文公 厲公弟。
晉釐侯 靖侯子。
楚熊紃 嚴弟。師古曰：「紃音巡。」
衞武公

頃公子。
楚熊勇 延子。
晉靖侯 厲侯子。
邾顏
夏父
蔡夷侯 武侯子。
楚熊學 紃子。
陳釐公 幽〔公〕子。

杞題公 東樓子。
曹幽伯 夷伯子。
陳幽公 愼公子。
齊厲公 武公子。
魯懿公 武公子。
叔術
盱

厲王胡 夷王子。
衞巫
楚熊嚴 勇子。
伯御 魯懿公兄子。
衞共伯

周宣王靖
厲王子。

方叔
南中
中山父
申伯
尹吉父
韓侯
蹶父
師古曰：「蹶音居衞反。」
張中
程伯休父
師古曰：「休音

子
伯陽父
史伯
師服
虢文公

宋世子
士
蔡夷侯
奄父
造父六世孫。
鄭桓公
友

釐公子。
宋惠公
釐公子。
燕釐侯
十世。
宋戴公
惠公子。

晉獻侯
釐侯子。
晉穆侯
獻侯子。
齊成公
文公子。
魯孝公
懿公子。
陳武公
釐公子。
蔡釐侯
夷侯子。
燕頃侯

曹戴伯
幽（伯）子。

釐公子。
晉殤公
穆公弟。
幽王宮
涅
宣王子。

許虯反。」

楚若敖
咢子。

十一世。
齊嚴侯
成侯子。
陳夷公
武公子。
陳平公
夷公弟。

曹惠伯
戴伯子。

褒姒
虢石父
皇父卿士
司徒皮
師古曰：「卽十月之交詩所謂『番維司徒』是也。」
太宰冢伯

秦襄公
嚴公子。
文子

晉文侯

魯惠公
孝公子。
秦文公

膳夫中術
師古曰：「即所謂中允膳夫也。」
內史掫子
師古曰：「掫音側流反。」
趣馬蹶
師古曰：「趣音(于)[千]後反。蹶音居衞反。」
師氏萬
師古曰：「萬讀與禹同，音九禹

〔宋正考父〕

辛有

仇 繆侯子。
趙叔帶 奄父子。
宋武公 戴公子。
衛嚴公 武公子。
陳文公 平公子。
宋宣公 武公子。
楚蚡冒 霄子。

襄公子。
楚霄敖 若敖子。
鄭武公 桓公子。
燕哀侯 十二世。
燕鄭侯 十三世。
蔡共侯 釐公子。
齊釐公 嚴公子。
燕繆侯

晉昭侯 文侯子。
潘父
曹桓公 繆公子。
蔡戴侯 共公子。

反〕
申侯
平王宜臼
曹繆公 惠公子。
曲沃桓叔 晉文侯弟。

宋大金 考父子。

臧釐伯

石碏 師古曰：「碏音千若反。」

師古曰：「蚠音扶粉反。」

宋繆公和 宣公弟。

蔡桓侯封人 宣侯子。

邾儀父

潁考叔

鄭公子

十四世。

陳桓侯鮑 文侯子。

展亡駭

宋司徒皇父

司空牛父

蔡宣侯 戴侯子。

鄭嚴公寤生 武公子。

叔段

晉鄂侯 孝侯子。

晉孝侯 昭侯子。

曲沃嚴伯 桓叔子。

魯隱公 惠公子。

公子翬 師古曰：「翬音暉。」

衞桓公完

宋孔父大金子。

衞太子伋

公子壽

臧哀伯

楚武王蚡冒弟。

鄧曼楚武王夫人。

魯施父

呂

曹嚴公亦姑桓公子。師古曰：「卽射姑也。」

秦憲公文公子。

宋嚴公馮

公子穀生

耏班師古曰：「耏音而。」

桓王林平王孫，泄父子。

衞宣公晉桓公子。

虞公

宰咺師古曰：「咺音許遠反。」

宋殤公宣公子。

華督師古曰：「華音下化反。」

蔡哀侯桓侯弟。

晉哀侯鄂侯子。

晉小子侯哀侯子。

嚴公子。

公子州吁

芮伯

魯桓公惠公子。

夫人文姜

彭生

陳厲公〔桓公弟。〕

隨季良
魯申繻
楚保申

鬬伯比
熊率且
比
師古曰：「率音力出反。且音子余反。」
鄭祭足
楚文王
武王子。
(駐)〔騅〕甥
聃甥
師古曰：「聃音乃甘反。」
養甥

繆公子。
燕宣公
十五世。
觀丁父
薳章
師古曰：「薳音于詭反。」
嚴王佗
桓王子。
鄧祁侯
衞惠公
朔
宣公子。
公子黔

虞叔
楚瑕丘
隨少師
魯嚴公
同
桓公子。

秦出公
曼
鄭厲公
突
嚴公子。
夫人哀
姜

長狄僑
如

管仲

鮑叔牙

齊寺人費師古曰：「卽徒人費也。費音祕。」 王青二 友 高傒

謝丘章 辛甲 石之紛如師古曰：「紛音扶云反。」 齊桓公小白襄公弟。

牟 左公子泄 潘和 秦武公出公兄。 燕桓侯十六世。 齊公子糾 魯公孫隱

鄭昭公忽厲公兄。 高渠彌 鄭子亹昭公弟。 右公子職 王子克 紀侯 紀季

周公黑肩 連稱 管至父 雍人稟 鮒里乙 宋愍公捷

齊襄公兒 公子亡知

召忽 師古曰：「召讀曰邵。」
隰朋
甯戚
宋仇牧
魯曹劌 師古曰：「劌音居衞反。」

師古曰：「傒音奚。」
王子成父
賓須亡
麥丘人
輪邊 師古曰：「輪扁也。扁音翩。」
平陵老

蕭叔大心
石祁子
原繁

顓孫 師古曰：「顓音上專反。」
曹釐公夷 嚴公子。
宋桓公禦說 愍公弟。 師古曰：「說讀曰悅。」
秦德公 武公弟。

齊伯氏
寺人貂
易牙
常之巫 師古曰：「齊桓時人也，見呂覽。」
衞公子開方
釐王胡齊 嚴王子。

南宮萬
子游
猛獲
南宮牛
鄭子嬰齊 子亹子。
傅瑕
晉愍侯 哀侯弟。
曲沃武公 嚴公子。

楚粥拳 宰孔

愍公 陳公子完 佗子。 虢史嚚 周內史過

息嬀 虢叔 魯禦孫

秦宣公 德公子。 燕嚴侯 十七世。 鄭文公棱 厲公子。 彊鉏

陳宣公 杵臼 嚴公弟。 息侯 惠王母 涼 鄭高克 公孫素 陳轅濤塗

王子頹 蔿國 邊伯 楚杜敖 文王子。師古曰：「即堵敖。」 陳太子御寇

魯公子季友
魯公子奚斯
衛弘貪師古曰：「貪音演。」
荀息

楚屈（桓）〔完〕師古曰：「屈音九勿反。」
卜偃
辛廖師古曰：「廖音聊。」

召伯廖
齊仲孫湫師古曰：「湫音子小反。」
許夫人
先丹木
羊舌大夫
史蘇

秦成公宣公弟。
曹昭公班
鼈公子，作詩。
衛戴公黔牟子。
趙夙
畢萬

楚申侯
魯公子般
魯閔公啓嚴公子。
史華龍滑

魯公子牙
圉人犖
公子慶父
卜齮師古曰：「齮音蟻。」
衛懿公惠公子。
晉獻公武公子。

晉驪姬

宋公子
目夷
宮之奇
百里奚
奄息
中行
師古曰：「行音

梁餘子養
罕夷
申生
狐突
秦繆公
成公弟。
秦繆夫人
公孫枝
緜余
師古曰：「郇由

魯釐公
楚逢伯
衛甯嚴子
富辰
晉冀芮
慶鄭
韓簡
鄭叔詹

畢公後。
士蔿
臣猛足
井伯
衛文公
戴公弟。
宋襄公
桓公子。
蔡嚴侯
穆侯子。

奚齊
卓子
師古曰：「卓音敕角反。」
趙孟
夙子，生衰。
師古曰：「衰音楚危反。」
蔡繆公
許釐公
襄王鄭

優施
梁五
東關五
虞公
爲晉所滅，
太王後。
虢公
爲晉所滅，
王季後。
鄭子華
曹共公
昭公子。

甯武子

戶郠反。」
鍼虎 師古曰：「鍼音其廉反。」
狐偃

余。」
蹇叔
燭之武
內史叔興
卜徒父
禽息
王廖 師古曰：「廖音聊。」
晉文公 獻公子。

皇武子
釐負羈妻
曹豎侯獳 師古曰：「獳音乃侯反。」
楚子玉
鬬宜申
成大心
欒悼子

燕襄公 十八世。
梁卜招父 師古曰：「招音上遙反。」
衛元咺 師古曰：「咺音許遠反。」
叔武
鍼嚴子

晉惠公 獻公子。
里克
虢(叔)〔射〕
宋襄公 成公子。
齊孝公 桓公子。

惠后
梁伯
晉懷公 惠公子。
衛成公 文公子。

王子帶
楚成王
惲 師古曰：「左傳作頵，音於倫反。」
潘崇

趙衰師古曰：「衰音楚危反。」
衰妻
介子推
推母
郤縠
舟之僑
荀林父

夫人姜氏
魏犫畢萬子。
顛頡
胥臣
賈佗師古曰：「佗音徒何反。」
董因
豎頭須
齊國嚴子

晉李離
寺人披
曹文公壽共公子。
燕桓公十九世。
秦康公繆公子。

倉葛
鄭繆公蘭文公子。
石臭師古曰：「臭音丑略反。」
陳繆公宣公子。

鄭子臧

曹共公昭公子。
齊公子無詭師古曰：「左氏傳作無虧。」
齊昭公孝公子。

先軫

狼瞫師古曰：「瞫音審。」

陽處父

甯嬴

臾駢師古曰：「駢音步千反。」

鄭弦高

叔仲惠伯

周內史叔服

孟明視

西乞術

士會

繞朝

石癸

公孫壽

蕩意諸

晉襄公文公子。

邾文公

宋子哀

邾子玃且師古曰：「玃音居碧反。且音子余反。」

魯公孫

陳共公繆公子。

魯文公

周匡王班

齊君舍昭公子。

單伯

周頃王王臣

夏父不忌

宋昭公

胥申父

狐射姑師古曰：「射音夜。」

魯宣公

楚繆王商臣

宋方叔嘉子。
樂豫
董狐
令尹子

公冉務人
卜楚丘
晉趙盾衰子。
鉏麑
宋伯夏叔子。（鬬伯比）
楚嚴王

敖
蔡文公嚴公子。
單襄子
靈輒
祁彌明師古曰：「祁音上尸反。」
鄭子良
士貞子

魯叔孫得臣
秦共公康公子。
晉成公黑臀靈公弟。
秦桓公共公子。
衛穆公速

周定王楡

邴歜師古曰：「歜音觸。」
閻職
晉趙穿
鄭靈公

齊懿公商人
晉靈公夷皋襄公子。
陳靈公共公子。

文　楚薳賈　申叔時　孫叔敖

穆王子。　王孫滿　箴尹克　黃　魏顆師古曰：「顆音口果反。」　五參　陳應　申公申　培

泄冶　孔達　王子伯　廖師古曰：「廖音聊。」　晉解揚　荀尹　箕鄭　公子雍　秦景公

逢大夫　王札子　魯公子　歸生　申舟　齊惠公　懿公弟。　陳成公　靈公子。

宋文公　鮑　昭公弟。　翟豐舒　召伯師古曰：「召讀曰邵。」　毛伯　少師慶　士亹　鄭襄公　堅

公子歸　生　子公　晉(失)〔先〕穀　楚子越

夏姬　孔寧　儀行父

師古曰：「培音陪。」
樂伯
優孟
鄭公子
棄疾
子反
逢丑父
賓媚人

桓公子。
楚鄖公
鍾儀
楚共王
嚴王子。
晉郤克
辟司徒
妻
師古曰：「辟讀曰壁。」

燕宣公
二十世。
曹宣公
盧
文公子。
吳壽夢
中雍後，十五世。
師古曰：「夢音莫風反。」
鄭悼公

靈公子。
衛繆公
成公子。
周簡王
夷
定王子。
魯成公
宣公子。
齊頃公
惠公子。
衛定公

穀陽豎

曹郗時師古曰：「卽曹欣時也。郗音許其反。」

范文子士燮。
臧宣叔
韓獻子厥
程嬰
羊舌

荀罃
鄭賈人
伯宗
伯宗妻
秦醫緩
桑田巫
呂相
郄至

襄公子。
申公巫臣
王孫閱
燕昭公二十一世。
趙朔盾子。
郄犨
郄錡

繆公子。
衞孫良夫
中叔于奚
宋共公瑕文公子。
晉景公成公子。
宋平公成公子。

鄭公子班
曹成公負芻宣公弟。
屠顏賈師古曰：「卽屠岸賈也。音工下反。」
宋蕩子
晉厲公景公子。

公孫杵臼
劉康公
單襄公
苗賁皇
叔嬰齊
宋華元
孟獻子

姚句耳師古曰：「句音鉤。」
呂錡
養由基
叔山舟
匡句須師古曰：「句音其于反。」

師古曰：「錡音蟻。」
中行偃
胥童
欒書
羊魚
鮑嚴子
牽
向于
鄭成公
綸師古曰：「綸音工頑反，左傳作睔，音工頓反。」

叔孫僑如
公子偃
長魚矯
羊斟

宋魚石

欒正求
牧中
晉悼公周
鄭唐
楚工尹襄
祁奚
羊舌職
魏絳

鮑國
晉解狐
祁午
韓亡忌
銅鞮伯華
魯匠慶
衛柳莊

燕武公二十二世。
鄭廖
楊干
子服佗
叔梁紇師古曰：「紇音下結反。」
秦堇父
狄斯彌

靈王泄心簡王子。
魯襄公

慶克
國佐
楚公子申
公子壬夫
鄭釐公

張老　籍偃　汝齊　宋子罕　(自)〔向〕戌　范宣子　士匄。　晉邢蒯　齊殖綽

師古曰：「壯讀曰莊。」　吳諸樊　齊晏桓子　楚子囊　鄭師慧　衞大叔儀　公子鱄

士鞅　尹公佗　庾公差　公孫丁　無終子嘉父　姜戎駒支

齊靈公環　頃公子。　衞獻公衎　定公子。　衞殤公焱　獻公弟。師古曰：「春秋焱作剽。」

成公子。　子駟　孫蒯　朱庶其　鄭尉止　衞甯喜

程鄭　西鉏吾

范武子 師古曰：「據今春秋說范武子即士會也，而此重見，豈別人乎？未詳其說。」					
魯季文子	欒王鮒				
鄭游眅 師古曰：「眅音普板反。」	齊杞梁	殖妻	華州 師古曰：「即華周。」	祝佗父 師古曰：「佗音徒何反。」	申蒯
曹武公勝 成公子。	鄭簡公嘉 釐公子。	晉陽（罕）〔畢〕	行人子員 師古曰：「員音云。」	子朱	
楚令尹子南	觀起 師古曰：「觀音工喚反。」	燕文公 二十三世。	魯國歸父	鄭公孫夏	燕懿公
孫文子 林父。	福陽子 妘姓。 師古曰：「即偪陽也。妘音云。」	楚屈建	魯臧堅	宋華臣	晉叔魚
巢牛臣					

晉叔向
向母 師古曰：「向讀曰鄉。」
蘧伯玉
吳季札
鄭子產
晏平仲

楚申叔豫
齊大史三人
南史氏
陳文子
卞嚴子
臧文仲

陳不占
士鞅
衞右宰穀臣
厚成子
衞公子荆
絳老人
史趙
士文伯

楚湫舉 師古曰：「即椒舉。」
薳奄
趙武 朔子。
鬷蔑 師古曰：「鬷音子公反。」
鄭子皮

二十四世。
楚康王 共王子。
晉亥唐
秦醫和

齊崔杼
慶封
慶嗣
吳遏 壽夢子。
晉平公彪 悼公子。
齊陳桓子
衞襄公惡 獻公子。

宋伊戾
吳餘祭 師古曰：「祭音側介反。」
景王貴 靈王子。
魯昭公稠 師古曰：「稠音直流反。」

齊嚴公光 靈公子。
楚夾敖 康王子。

仲尼

太子晉
左丘明
顏淵
閔子騫
冉伯牛

宰我
子貢
冉有
季路
子游
子夏

鄭卑湛師古曰：「卑音脾。湛音諶。」
行人子羽
馮簡子
子大叔
衞北宮文子

劉定公

晉船人固來師古曰：「固即固乘也。」
舟人清涓
魯謝息
鄭定公簡公子。

曹平公武公子。
陳惠公哀公孫。
鄭孔張

晉昭公夷平公子。
燕惠公二十五世。
陳公子招
周儋桓伯
魯南蒯
莒子庚輿

蔡景侯
蔡靈侯
陳哀公弱成公子。
吳餘昧餘祭弟。師古曰：「昧音秣。」
宋寺人

仲弓

曾子　子張　曾晳　子賤　南容師古曰：「南宮縚也，字子容。」　公冶長　公西華

魯叔孫豹　狐丘子林　晉趙文子　孟釐子　孟懿子　南宮敬叔師古曰：「南宮

公孫楚　公孫黑　韓宣子厥　魯叔孫昭子　楚薳罷師古曰：「罷讀曰疲。」　吳厥由師古曰：「即蹶

燕悼公二十六世。　薳啓疆　申子亹　左史倚相　申亡宇　申亥亡宇子。　晉籍談

周原伯魯

晉頃公昭公子。　宋元公佐平公子。　蔡平侯景侯子。　樊頃子　司徒醜　子鼂　賓猛

柳　魯豎牛　楚靈王圍　晉邢侯　雍子　楚公子比　觀從師古曰：「觀音工喚反。」

有若
漆彫啓
澹臺滅明師古曰：「澹音大甘反。」
樊遲
巫馬期
司馬牛
子羔

适。」
鄭子
老子
南榮疇師古曰：「即南榮越也。越音直俱反。」
公伯寮

由。」
衞史鰌
師曠
屠蒯
子服惠伯
晉荀吳
裨竈
里析

子鉏商
周史大弢
蜎子師古曰：「蜎音一兖反。」
孝成子
齊虞人

〔齊景公杵臼嚴公弟。〕

師古曰：「即賓孟也。」
蔡悼侯靈侯孫。
梁丘據
曹桓公平公子。
南宮極
頓子

周悼王猛景王子。
敬王丐景王子，悼王兄。

	原憲　顏路　商瞿師古曰：「瞿音劬。」　季次　公良　顏刻
	公肩子　子石　隰成子　琴牢
	梓慎　申須　林旣　北郭騷　逢於何　司馬穰苴
	越石父　栢常騫　燕子干　魏獻子絳孫。　司馬彌牟
	齎款　許男　燕共公二十七世。
	胡子髡　沈子逞　陳夏齧　魯季平子　宋樂大心　季公鳥
	楚平王棄疾靈王弟。　費亡極　曹聲公悼公弟。

師古曰：「穰音人羊反。苴音子余反。」
楚伍奢
伍尚
魯師已
子家羈

司馬篤
魏戊
智徐吾
孟丙
成鱄師古曰：「音上兗反。」
闔沒
汝寬

楚太子建
燕平公二十八世。
專諸
秦哀公

公叔務人
寺人僚祖師古曰：「祖音側加反。」
臧昭伯
厚昭伯師古曰：「即郈昭伯也。」
吳王闔

吳僚餘昧子。師古曰：「僚音聊。」
曹隱公通平公弟。
吳夫槩

楚子西
公子閭
伍子胥
江上丈人
史魚
公叔文子

吳孫武
申包胥
蔡墨
楚史皇
王孫由于
鑪金

楚司馬子期
沈尹戌
衛彪傒 師古曰：「傒音奚。」
萇弘
員公辛 師古曰：「員讀

景公子。
楚昭王 平王子。
鍾建
鄭獻公禹 定公子。
宋景公兜欒

廬
楚郄宛
越王允常 夏少康後。
闞且 師古曰：「且音子余反。」
魯定公

師古曰：「夫音扶。槩音工代反。」
徐子章禹
衛靈公元 襄公子。
南子
蒯聵 師古曰：「蒯音五怪反。」

中叔圉　祝佗師古曰：「佗音徒何反。」　王孫賈　公父文伯母　衞公子逞

師古曰：「鐻音慮。」　屠羊說師古曰：「說讀曰悅。」　莫敖大心　蒙穀　陳逢滑　司馬狗師古曰：「衞宣

日鄖。」　王孫章　楚石奢　劉文公卷師古曰：「卷音其專反。」　季康子

元公子。　宋中幾　齊高張　滎駕鵞師古曰：「駕音加。」　〔秦惠公

宋昭公　郳嚴公　夷射姑師古曰：「射音夜。」　楚囊瓦　唐成公　蔡昭侯

宋朝　彌子瑕　雍渠　黎且子。師古曰：「且音子余反。」　季桓子

觀射父 師古曰：「觀音工喚反。」

公臣也。見魯連子。」
顔讎由
大夫選
陳司城
貞子
顔燭雛 師古曰：「即顔涿聚子也。」
郅亡郵

公父文伯
東野畢

哀公孫。」
鄭聲公勝 獻公子。

悼侯弟。
晉定公 頃公子。
陳懷公 惠公子。
滕悼公
許幼
莒郊公

曹靖公路 聲公子。
范吉射 師古曰：「射音

鳴犢
竇犨
越句踐 允常子。師古曰：「句音鉤。」
大夫種

王良
柏樂
陽城胥
渠
扁鵲
董安于
田饒

周舍
田杲
行人燭
過
燕簡公 二十九世。
嚴先生

趙簡子 武子孫。
韓悼子 宣子子。
齊國夏
桑掩胥

邾悼公
頓子
胡子
薛襄子
小邾子

食亦反。」
中行寅 師古曰：「行音戶郎反。」
杞隱公 悼公子。
杞釐公 隱公子。
曹伯陽 爲宋所滅。

范蠡
葉公子高

后庸
諸稽到
苦成
皋如
計然

仇汜
榮聲期 師古曰：「即榮啓期也。聲或作啓。」
楚芋尹文 師古曰：「芋音于具反。」
隰斯彌
市南熊宜僚

師古曰：「即殺陶朱公兒者也。」
秦悼公 惠公弟。
燕獻公 三十世。
楚白公勝

魯哀公
齊晏孺子 師古曰：「即安孺子也。」
高昭子
楚惠王章

齊悼公陽生
鮑牧
田恆 陳乞子。
諸御鞅

公孫彊
田乞 完六世孫。
齊簡公壬
子我

朱張

達巷黨人

儀封人　長沮師古曰：「沮音

大陸子方　嚴善　魯太師　公明賈　陳亢師古曰：「音岡，

屈固　檀弓　公儀中子　皋魚　顏亡父

昭王子。　申鳴　孔文子　太叔疾　陳轅頗　蔡成公　昭公子。

衞太叔遺　衞出公輒　渾良夫師古曰：「渾音下昆反。」　孔悝　石乞　狐黶

子行

少連

子余反。」
桀溺
丈人
何蕢 師古曰：「蕢音匱。」
楚狂接輿

又音抗。」
子服景伯
林放
陳司敗
陳子禽
陽膚

顏隃倫
顏夷
陳棄疾
工尹商陽

齊平公
鷩 簡公子。
厥黨童子 師古曰：「即闕黨童子也。」
革子（戚）〔成〕 師古曰：「即棘（字）〔子〕成也。」
周元王

師古曰：「即孟鱉。」
衛簡公
蒯聵
原壤
叔孫武叔
衛公孫朝
尾生晦 師古曰：「即微

衛侯起
石國
陽虎

孟之反　大連　顏丁　顏柳

師襄子　師己　賓牟賈　公肩瑕　師古曰：「即公肩假也。」

尾生高　師古曰：「即微生高也。」　申棖　師冕　師古曰：「即師冕。」　鄭戴勝之　南郭惠　子　姑布子卿

齊禽敖　師古曰：「即黔敖也。」　餓者　陳子亢　陳尊己

赤　敬王子。　晉出公　定公子。　公之魚　宋桓魋

生畝也。晦，古畝字。」　互鄉童子　茀肸　師古曰：「即佛肸也。茀音弼。」　公山不狃　師古曰：「即公

陳愍公　為楚所滅。

周豐
采桑羽
樂正子春
石讐
子服子

衞視夷師古曰：「卽式夷也。見呂氏春秋。」
史留
豫讓
青荓子師古曰：「荓音步丁反。」
趙襄子簡子子。
知過

宋子韋
公輸般
離朱
陳太宰喜
吳行人儀
鄭鄬魁絫師古曰：「鄭人所俘也。鄬音僞。魁，口賄反。絫音累。」

秦厲共公悼公子。
鄭共公丑哀公弟。
晉定公昭公子。

匡人
貞定王元王子。
晉哀公忌
智伯

山不擾也。音人九反。」
杞愍公釐公子。
杞釐公師古曰：「此不當言釐公，字誤也。」
鄭哀公易聲公子。
蔡聲侯產

吳王夫差
太宰嚭

惠子
公房皮

師古曰：「卽知果。」
鮑焦
墨翟
禽屈盭
師古曰：「卽禽滑盭者是也。屈音其勿反，又音丘勿反。」
我子
田俅子

燕考公
桓
三十一世。
魏桓子
獻子曾孫。
韓康子
貞子子。
高赫
原過
任章

田襄子
悼子子。
魯悼公
出公子。

齊宣公
平公子。
蔡元侯
聲侯子。
衞悼公
出公叔子。
衞敬公
悼公子。

成侯子。
蔡侯齊
爲楚所滅。
杞簡公
春
爲楚所滅。
思王叔
襲
定王子。
周考哲
王嵬
思王弟。

段干木

田子方

甯越

太史屠

師古曰：「俅音求。」

隨巢子

胡非子

魏文侯 桓子孫。

李克

魏成子

中山武公 周桓公子。

韓武子 康子子。

公季成

司馬庚

司馬喜

燕成公 三十二世。

秦躁公 厲公子。師古曰：「躁音千到反。」

趙獻侯 襄子兄孫。

趙桓子 襄子弟。

西周桓公 考王弟。

魯元公 悼公子。

周威公 桓公子。

東周惠公

秦懷公 躁公子。

衞懷公 敬公弟。

周威烈王 考王子。

鄭幽公 共公子。

黍
翟黃
任座師古曰：「座音才戈反。」
李悝師古曰：「悝音口回反。」
趙倉堂
屈侯鮒

躬吾君
牛畜
荀訢
徐越

司馬期
趙公中
達
田大公
和
秦簡公厲公子。

楚簡王惠王子。
燕愍公
三十三世。
樂陽師古曰：「即樂羊也。」
趙烈侯
獻侯子。

威公子。
秦靈公
懷公孫。
衛慎公
敬公子。

宋昭公
景公子。
晉幽公
懿公子。
楚聲王
簡王子。

子思

西門豹

公儀休

泄柳

申詳

魯穆公 元公子。

費惠公 師古曰：「費音祕。」

顏敢

王慎

長息

公明高

韓景侯

虔 武侯子。

孫子

南宮邊

列子

燕釐公 三十四世。

秦惠公 簡公子。

趙武公 列侯弟。

韓烈侯 景侯子。

晉列侯 幽公子。

宋悼公 昭公子。

楚悼王 聲王子。

元安王

虢 威烈王子。

鄭繚公

駘 師古曰：「繚音聊。駘音臺。」

鄭相駟

子陽

齊康公

孟子

嚴仲子
聶政
聶政姊
孟勝
徐弱
白圭
鄒忌
孫臏

魏武侯 文侯子。
陽成君
大監突
徐子
齊威王
田桓侯子。

吳起
韓文侯
趙敬侯 烈侯子。
魏惠王 武王子。
齊桓侯 和侯子。
趙成侯 敬侯子。

韓相俠
絫
宋休公 悼公子。
晉孝公 列公子。
秦出公 惠公子。
楚肅王 悼王子。
韓懿侯

韓哀侯 文侯子。

爲田氏所滅。
鄭康公 乙 爲韓所滅。
晉靖公
任伯

趙良

師古曰：「臏音頻忍反。」
田忌
太史儋
商鞅
申子

章子
大成午
甘龍

燕桓公三十五世。
秦獻公靈公子。
趙肅侯成侯子。
秦孝公獻公子。
韓昭侯

哀侯子。
魯共公繆公子。
龐涓師古曰：「涓音工玄反。」
宋辟公休公子。
衛聲公愼公子。
楚唐蔑

周夷烈王喜元安王子。

爲韓魏所滅。

屈宜咎　鐸椒　(鄭)〔鄭〕　敖子華　史舉

杜摯　子桑子　被雍　昭奚恤　江乙　沈尹華　馮赫

懿侯子。　燕文公　桓公子，三十六世。　安陵纒　師古曰：「纒即纏字也。」　蘇秦　張儀　齊宣王　辟彊　威王子。

衞成公　聲公子。　楚宣王　肅王子。　魯康公

周顯聖　王扁　夷烈王子。　師古曰：「扁音篇。」　宋剔成君　辟公子。　嚴蹻　師古曰：「蹻音居略反。」

閭丘光
閭丘卬
顔歜 師古曰：「歜音

淳于髡
昆辯 師古曰：「齊人也，靖郭君所善，見戰國策。而呂覽作劇貌辯。」
司馬錯
犀首
公中用
史起
蕩疑

靖郭君
於陵中子
秦惠王 孝王子。
魏襄王 惠王子。
韓宣王

魯景公 康公子。
唐尚
楚威王
衞平公 成公子。
衞嗣君

愼靚王

屈原

昭廷

觸。」
王升
尹文子
番君
唐易子
如耳
西周武公
陳軫
占尹

師古曰：「卽薄疑也。」
魏哀王 襄王子。
韓襄王 宣王子。
蘇代
蘇厲
宋遺

昭王子。
燕易王 三十七世。
周昭文君
赧王延 愼靚王子。
馬犯
周景
令尹子

平公子。
魯平公 景公子。
燕王噲 三十八世。
子之
楚懷王 威王子。
靳尚

〔顯王子。〕
越王無彊 句踐十世。爲楚所滅。

夫人鄭袖

漁父
肥義

樗里子 師古曰：「樗音丑於反。」
甘茂

應豎
秦武王 惠王子。
任鄙
公羊子
穀梁子
萬章
告子
薛居州

上官大夫
烏獲
軋子
焣子 師古曰：「聚字也。」
沈子 師古曰：「魯人也。善春秋。」
北宮子
魯子
公扈子

椒
子蘭
孟說 師古曰：「說讀曰悅。」
戚子
根牟子
申子
慎子
嚴周
惠施

魏昭王 哀王子。
魯愍公 平公子。
楚頃襄王 懷王子。
衛懷君 嗣君子。

趙武靈王 肅侯子。
李兌
田不禮
代君章
齊愍王 宣王子。

滕文公

公孫丑

樂正子

高子

仲梁子

孔穿 子思玄孫。

王歜 師古曰：「歜音觸。」

燕昭王 三十九世，噲子。

尸子

捷子

鄒衍

田駢

惠盎

王孫賈

宋玉

嚴辛

范雎

蘇不釋

公孫龍

魏公子

牟

狐爰 師古曰：「即狐咺也，齊人。見戰國策。」

唐勒

景瑳 師古曰：「瑳音子何反，即景差也。」

齊襄王 愍王子。

燕惠王 四十世，昭王子。

淖齒 師古曰：「淖音女敎反，字或作卓。」

騎劫

宋君偃 爲齊所滅。

魯仲連

樂毅

廉頗

虞卿

郭隗

白起

田單

趙奢

縮高

公孫弘 師古曰：「齊人也，孟嘗君所使。見戰國策。」

侯嬴

葉陽君

涇陽君

安陵君

唐睢

孟嘗君

魏公子

朱亥

秦昭襄王 武王弟。

穰侯

趙惠文王 武靈王弟。

陳筮

雍門周

范座 師古曰：「座音才戈反。」

左師觸

韓釐王 襄王子。

魏安釐王 昭王子。

燕武成王 惠王子。

趙孝成王 惠文王子。

趙括

韓王安

藺相如　孫卿

朱英　王翦

平原君　毛遂　蒙恬

春申君　秦孝文王　昭襄王子。　華陽夫人　秦嚴襄王　文王子。　呂不韋

龍　龐煖　師古曰：「煖音許元反，又音許遠反。」　楚考烈王　頃襄王子。　韓桓惠王　釐王子。　衞元君　懷君弟。

燕孝王　四十二世，　武成王子。　李園　魯頃公　爲楚所滅。　魏景湣王　安釐王子。　趙悼襄王　孝成王子。

爲秦所滅。　趙王遷　爲秦所滅。　楚幽王　考烈王子。　燕栗腹　劇辛

楚王負芻　爲秦所滅。　燕王喜　爲秦所滅。

孔襄 孔鮒弟子。
韓非 燕將渠 樂閒 高漸離
淳于越 李牧 燕太子丹 鞠武 師古曰：「鞠音居六反。」 荆軻 樊於期 孔鮒 孔穿孫。
秦始皇 李斯 秦武陽 項梁 秦子嬰 項羽 陳勝 吳廣
衞君角 爲秦所滅。 董翳 司馬欣
代王嘉 爲秦所滅。 秦二世 胡亥
魏王假 爲秦所滅。 齊王建 爲秦所滅。 趙高 閻樂

校勘記

八七〇頁九格　「九黎」二字據景祐、殿本補。

八七四頁二格　景祐本「戮」作「飂」。齊召南說作「戮」刊本之誤。

八七五頁一格　「帝堯」二字據景祐、殿本補。

八七八頁九格　景祐本「嬌」作「蟜」。

八八〇頁三格　景祐、殿、局本「支」都作「友」。局本「字」作「宇」。

八八一頁六格　王先謙說攴「中」字當作「仲」。按景祐、局本都作「仲」。

八八二頁五格　錢大昭說南監本、閩本有「杍子」二字。按景祐、殿本都有。

八九二頁三格　「太」字據景祐、殿本補。

八九二頁六格　景祐、殿本「來」下有「朝」字。王先謙說有「朝」字是。

八九七頁五格　景祐、殿本「建」作「逮」。楊樹達說據錢大昭校閩本亦作「逮」，「建」字以形近而誤。下六格同。

八九八頁三格　宋弗父何本在上上格，錢大昭說南監本、閩本在上下。王先謙說殿本在上下，此誤。按景祐本亦在上下。

八九八頁八格　王先謙說「厲」當作「獻」。按景祐本正作「獻」。

八九九頁五格　「子」字據景祐、殿、局本補。

八九九頁七格　王先謙說「幽」下脫「公」字。按局本有。

九〇〇頁八格　王先謙說「幽」下脫「伯」字。按局本有。

九〇二頁九格　景祐、局本「于」作「千」。

九〇三頁三格　「宋正考父」據局本補。殿本作「宋考正父」。景祐本無。

九〇五頁九格　「桓公弟」三字據景祐、殿本補。

九〇六頁五格　錢大昭說南監本、閩本「駐」作「雖」。按景祐、殿、局本都作「雖」。

九一〇頁四格　景祐、殿本都作「完」。王先謙說作「完」是。

九一三頁七格　錢大昭說「叔」當作「射」。按景祐、殿本都作「射」。

九一五頁三格　「熹子」本作大字，誤，據局本改小。

九一五頁四格　「叔子」本作大字，誤，據局本改小。錢大昕說鬬伯比已見前五等。

九一六頁八格　錢大昭說「失」當作「先」。按景祐、殿、局本都作「先」。

九二二頁四格　錢大昭說「白」當作「向」。按景祐、殿、局本都作「向」。

九二三頁五格　梁玉繩說各本「晉陽罕」三字誤分爲二。「罕」乃「畢」之譌。陽畢，晉大夫，見晉語。

九二六頁七格　「齊景公杵臼嚴公弟」八字據景祐、殿本補。

九三〇頁七格　「秦惠公哀公孫」六字據景祐、殿本補。

九三五頁七格　景祐、殿、局本「戚」都作「戍」，「宇」都作「子」。

九四〇頁七格　衞愼公原在八等，據景祐、殿本移上。

九四四頁四格　景祐、殿本「鄭」都作「鄭」。

九四六頁八格　「顯王子」三字據景祐本補。